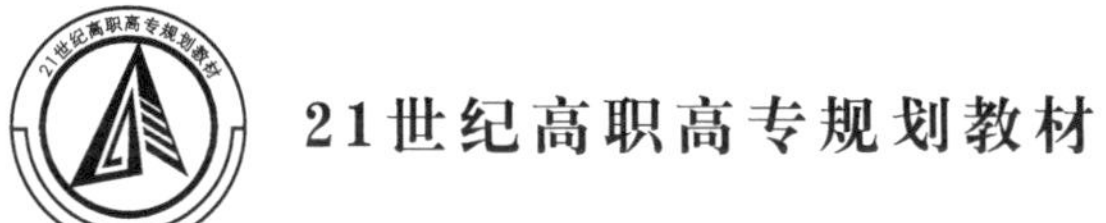

21世纪高职高专规划教材

电子商务创新案例分析

■ 邓　凯　主　编

■ 闵建虎　谢细全　赵振勇

吴　旦　于　俊　谢燕月　等　参　编

■ 冯国平　主　审

中国电力出版社

http://jc.cepp.com.cn

内容提要

本书从大量有创新思路和创新实践的电子商务案例中精选了既有显著创新成效又具有借鉴和启发意义的典型案例，通过网站介绍分析、网站功能模块、网站操作流程、网站设计分析、网站运营分析、创新分析、总结评点、知识与能力创新拓展等模块进行剖析。通过学习这些创新案例，使读者能拓展视野，勇于创造，提升创新水平，培养解决实际问题的创新能力。

本教材的突出特点是以创新为导向，从电子商务的职业需要和职业生涯规划出发，讲述作为电子商务职业人员需要具备的专业技能，是鲜有的把专业学习和创新人才培养，创业指导结合起来的一本教材。本书重点讲述电子商务行业中最广泛应用的新知识、新方法和新技术，使学生毕业后能更快地胜任岗位工作，具有较强的实用性，对学生在电子商务行业的创业具有较强的指导作用。

本书可作为高职高专院校电子商务相关专业学生的教材，也适合企业管理、经贸人员、电子商务从业人员、信息技术人员使用，还可作为相应层次电子商务培训班的教材。

图书在版编目（CIP）数据

电子商务创新案例分析 / 邓凯主编. —北京：中国电力出版社，2008.9（2016.1重印）

21 世纪高职高专规划教材

ISBN 978-7-5083-7450-5

Ⅰ. 电⋯ Ⅱ. 邓⋯ Ⅲ. 电子商务－案例－分析－高等学校：技术学校－教材 Ⅳ. F713.36

中国版本图书馆 CIP 数据核字（2008）第 126617 号

丛 书 名：21 世纪高职高专规划教材
书　　名：电子商务创新案例分析
出版发行：中国电力出版社
地　　址：北京市三里河路 6 号　　邮政编码：100044
电　　话：（010）68362602　　传　　真：（010）68316497，88383619
服务电话：（010）58383411　　传　　真：（010）58383267
E-mail：infopower@cepp.com.cn
印　　刷：北京教图印刷有限公司
开本尺寸：184mm×260mm　　印　　张：8.25　　字　　数：180 千字
书　　号：ISBN 978-7-5083-7450-5
版　　次：2008 年 9 月北京第 1 版
印　　次：2016 年 1 月第 3 次印刷
定　　价：14.00 元

前　　言

近年来，电子商务的发展为世界贸易和人们的商务活动带来了较大的变化，其重要性与日俱增，并逐步改变着人们的工作、学习和生活方式等各个方面。随着电子商务运营模式的不断创新，电子商务的创新应用已遍及社会生活的各个方面，由此产生的各种创新案例层出不穷。如何结合这些创新应用的案例，开发创新思维，培养创新技巧，提高创新能力，掌握创业本领，最终成为电子商务应用的创新型人才，这正是作者编写本书的初衷。

本书通过从大量的有创新思路和创新实践的电子商务案例中遴选了既有显著创新成效又具有借鉴和启发意义的典型案例，通过网站介绍分析、网站功能模块、网站操作流程、网站设计分析、网站运营分析、创新分析、总结评点、知识与能力创新拓展等模块剖析有关的最新电子商务案例，通过学习这些创新案例，开拓创新的思路，学习创新的技能，使得创新能力和电子商务应用能力相互促进，相辅相成，以使读者能拓展视野，勇于创造，提升创新水平，培养解决实际问题的创新能力。

本教材的突出特点是以创新为导向，从电子商务的职业需要和职业生涯规划出发，讲述作为电子商务职业人员需要具备的专业技能，是鲜有的把专业学习和创新人才培养，创业指导结合起来的一本教材。在内容上尝试了专业知识和创新人才培养的有机结合。本书重点讲述电子商务行业中最广泛应用的新知识、新方法和新技术，使学生毕业后能更快地胜任岗位工作，具有较强的实用性，对学生在电子商务行业的创业具有较强的指导作用。

本书是一本实用性很强的电子商务创新案例分析教材，采用了全新的编写思路，具体表现在以下几个方面：

（1）技术性：在本书的编写过程中，我们认为电子商务的发展和应用离不开技术的进步和发展，因此，我们在每个案例中都进行了技术分析，介绍相应的网站和技术特征，开展技术分析。通过技术分析，使学生更好地把技术和商务有效地结合起来，为有效解决实际问题打下基础。

（2）实践性：全书紧紧围绕培养应用型技能人才这一目标，以能力为本位、以职业实践为主线、以项目课程为主体，强化实践操作技能训练，突出电子商务应用能力的培养，熟练应用计算机技术解决实际问题。以“项目引领，任务驱动”的模式，精心设计教学案例以及每个案例所包含的针对知识点或实践要素的多个任务，通过不同的任务驱动来激发学生的学习兴趣，在这些任务中，有些任务偏重于技术性和商务性的学习，有些任务偏重于综合性和创新性的学习，学生通过分析任务、完成任务来实现综合应用多项能力解决实际问题。

（3）综合性：电子商务案例课程的综合性表现在，既有计算机技术课和商务专业课的特点，也有创新活动课程的特点，其内容涵盖现代信息技术基础知识、技能以及应用各种信息处理技能解决实际商务问题的方法、过程和评价等。我们提倡“理论与实践一体化，创新与创业共培养”的教学方式，充分发挥学生的主体作用，让学生在完成项目和任务的过程中学会创新，萌发创业的思路。

（4）创新性：坚持“以学生创新发展为中心”的教育理念，按照“以电子商务应用能力培养为本位、以创新能力实践为主线、以案例和项目课程为主体的模块化专业课程体系”的总体设计思路，使学生在项目设计和制作的基础上掌握必备的专业知识和创新技能，积极鼓励和充分发挥学生的创新思维和能力。打破传统电子商务课程的教学框架，对每篇案例进行开放性的研究、评析，当然，我们对有关案例的解析，读者也可创新性再思考，这才是案例教学的生命力所在。

本书由邓凯副教授主编，冯国平研究员主审，闵建虎、谢细全、赵振勇、吴旦、于俊、张茹、姜俊华、谢燕月等参加了编写工作。在编写过程中，还得到了专业协会和许多专家、业内人士的热情帮助，在此表示衷心的感谢！

本书可作为电子商务专业学生的教材，也适合企业管理、经贸人员、电子商务从业人员、信息技术人员使用，还可作为相应层次电子商务培训班的教材。

在本书编写过程中，参考了相应的电子商务网站并与有关公司进行了联系，获得了他们的支持、授权，我们在文中进行了引用标注，在此向相关媒体致以衷心的感谢，但有些材料由于无法确定原始出处而未能标注，欢迎提供相关信息。

限于作者水平，书中难免有不当之处，恳请各位不吝赐教。

作 者

2008 年 6 月

目　　录

第1章　淘　宝　网

一、网站介绍

1. 建设背景

2003年5月10日，阿里巴巴投资1亿元人民币推出个人网上交易平台淘宝网（taobao.com），如图1.1所示，致力打造全球最大的个人交易网站，2004年7月，又追加投资3.5亿人民币。淘宝网是阿里巴巴首次对非B to B（俗称B2B）业务进行战略投资，依托于企业网上交易市场服务8年的经验、能力及对中国个人网上交易市场的准确定位，淘宝迅速成长。截至2005年7月末，淘宝网在线商品数量超过2500万件、网页日浏览量突破1亿、注册会员数突破2000万，2005年全年成交额达80亿元人民币，占全国电子商务交易额的72.2%，遥遥领先于竞争对手。在全球权威Alexa 2004年排名中，淘宝网在全球网站综合排名位居前15名，全球中文网站排名第7名，亚洲电子商务类网站排名第1名。同时，依托淘宝网站的通信工具——阿里旺旺也受到市场欢迎，在短短的两年多时间中，在即时通信软件市场争得了12.7%的市场份额。

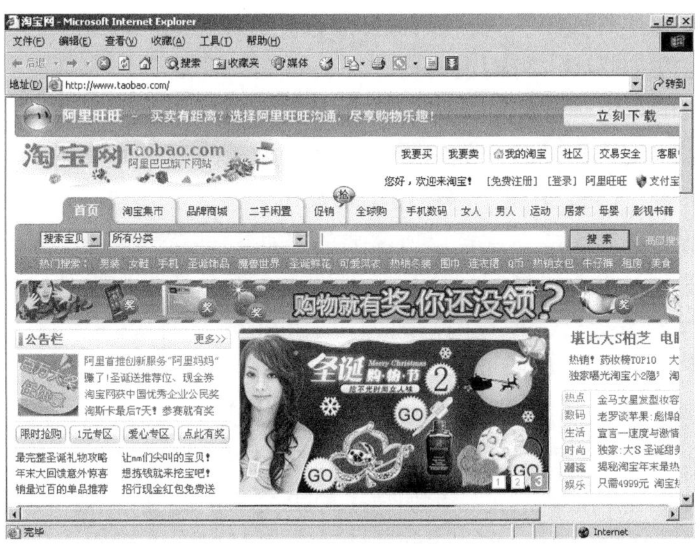

图1.1　淘宝网界面

2. 建设目标

中国的网上C2C行业才刚刚起步，淘宝网将为打造功能更为强大、体系更为健全的个人网上交易平台而不断努力。

其建设目标为：以诚信为本，全力打造中国最安全便捷的个人电子商务交易平台（淘宝网，顾名思义——没有淘不到的宝贝，没有卖不出的宝贝）。

淘宝网自 2004 年 7 月正式上线，就做出了“3 年免费”的承诺。2005 年 10 月 20 日，阿里巴巴宣布，对淘宝网追加 10 亿人民币的投资，扶持淘宝网继续免费 3 年。

3. 商业模式分析

（1）对于卖家来说，网上开店的运营优势表现在几个方面：①超低启动成本；②超低运营成本；③传播范围广、速度快、不受时空限制；④高区域覆盖率；⑤拥有更大客源、更多生意机会……

具体来看，网络店与实体店的差别主要表现见表 1.1。

表 1.1　网络店与实体店的差别

项　　目	网 络 店 铺	实 体 店 铺
租金	免费	有（10 万元以上/年）
装修与硬件投入	一台计算机、宽带上网设备、数码相机（5 000～10 000 元）	5 万～10 万元（店面装修、空调、收银机等）
覆盖区域	所有网民	周边有限区域
产品品种	没有限制，也可以依据订单入货，资金积压很少	视店铺面积而定，有限

（2）对于买家来说，网上购物的好处表现在以下几个方面。

①便宜：商品信息量大，可以简单掌握行业最新商品信息，更方便对比价格，性能，货比 10 000 家，达到理智消费。

②丰富：涵盖所有商品领域（非法、违规品除外），包括珍、奇、特商品，应有尽有。目前拥有商品数超过 1000 万，将淘宝网数据与去年国内商业零售业企业的统计数字进行比较，不难发现个人电子商务已经开始成为社会生活消费的一种重要方式。淘宝 2006 年 3 个季度成交额为 23.4 亿元，相当于国内最大的商场北京王府井百货近 7 年的销售额，相当于 9 家家乐福门市店、13 家中国沃尔玛门店的数量。

③方便：足不出户，就能买到自己所需要的东西。只需一台能上网的计算机就可以，或者选择支付宝汇款，或者选择同城交易货到付款，而且凭借淘宝独家的聊天工具“阿里旺旺”，更是为买卖双方提供了便捷的沟通方式。2006 年 2 月 www.iresearch.com.cn 的统计结果显示，阿里旺旺已经成为国内第 3 大即时通信工具。

④快速：快捷的物流，门到门的服务。阿里巴巴已经与国内国际的知名物流公司签订战略合作协议，强大的物流网络的支持，使得在淘宝网上购物成为一种享受。

⑤安全：支付系统的完善，进一步加速了网上交易的迅猛发展。支持淘宝的第 3 方电子支付工具——支付宝逐渐成熟并且被市场认可，支付安全不再成为困扰网上交易的最大因素。支付宝成为目前中国最大的第 3 方电子支付工具，日均交易额超过 3000 万元（2006 年 6 月数据）。

淘宝在为会员打造更安全高效的商品交易平台的同时，也全心营造和倡导了互帮互助，轻松活泼的家庭式文化氛围，让每位在淘宝网进行交易的人，交易更迅速高效，并且在交易的同时，交到更多朋友，成为越来越多网民网上创业和以商会友的最先选择。

4. 安全设计

为了创建更安全便捷的网络交易环境，淘宝设立 3 个层次 7 重安全防线：

（1）机制层面。

①支付宝安全交易流程，保障货款安全及买卖双方的利益。

②“你敢付，我敢赔”，国内首创的全额赔付制度。

③用户信用记录，包括卖家注册实名认证、用户评价和积分体系以及支付宝交易的信用记录。

（2）技术层面。

①安全控件，有效防止黑客利用木马盗用会员账号。

②免费短信提醒，任何资金动用都会短信通知用户，确保会员资金安全。

（3）管理层面。

①账户监管，所有通过支付宝的货款，都由支付宝的开户银行进行监管。

②网络警察，淘宝设立了国内唯一的专职的网络安全稽查机构，与全国公安网监部门密切合作，全程监控交易过程，为网络安全交易提供坚实后盾。

5. 绩效评价

在全球权威 Alexa 排名中，淘宝网 2004 年全球网站综合排名位居前 20 名，中国电子商务网站排名第 1 名。

独立市场研究机构 CTR 公司 2004 年 12 月针对北京、上海、广州、深圳、杭州、南京、武汉等大型经济发达城市的调查结果显示，淘宝网的品牌知名度达到 96%；淘宝网成为 41%消费者首选的购物网站；在品牌形象方面，淘宝网在年轻、时尚、有乐趣、新奇、进取、安全等指标上遥遥领先竞争对手。在使用和服务方面，浏览率、注册率、使用率、服务满意率等各项指标也处于绝对领先地位。图 1.2 和图 1.3 是相关机构的评价排名情况。

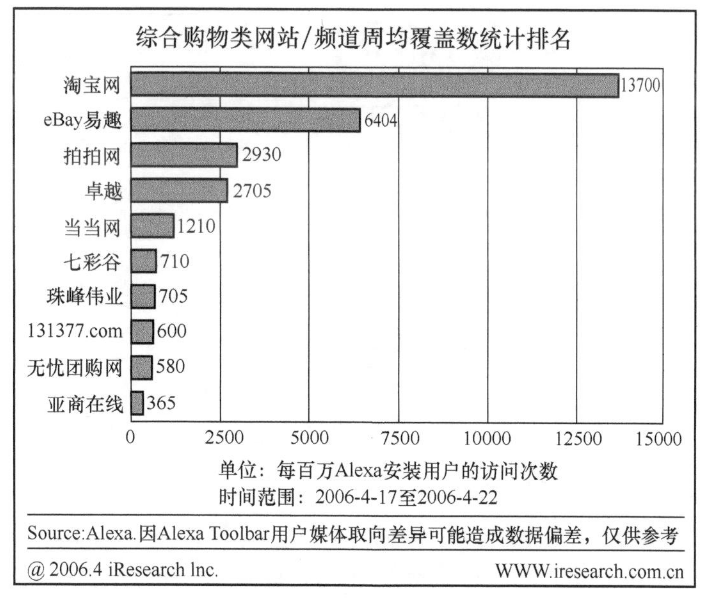

图 1.2 IRES 于 2006 年 4 月的排名统计之一

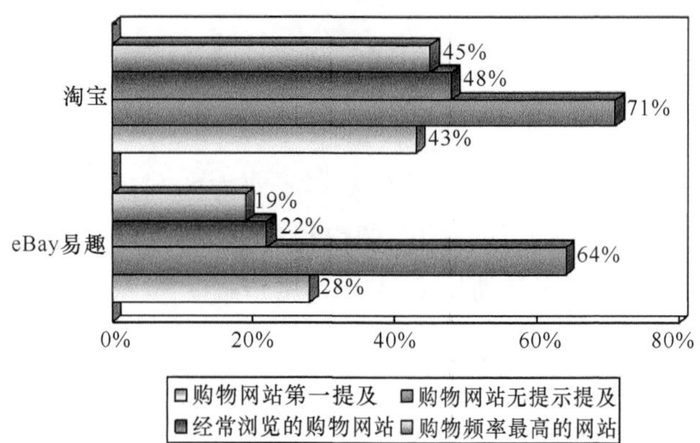

图 1.3 ACSR 于 2005 年 11 月的统计

二、网站功能模块

（1）我要买。

（2）我要卖。

（3）我的淘宝。

（4）社区。

（5）交易安全。

（6）客服中心。

淘宝是一个购物平台，网站的所有功能都是围绕交易来进行的，例如“我要买”、“我要卖”、“我的淘宝”等功能，如图 1.4 所示。另外淘宝还拥有一个全亚洲最活跃的消费者社区。

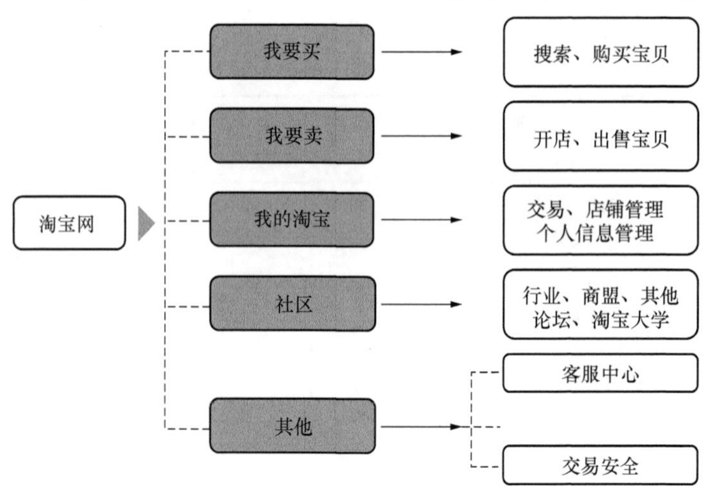

图 1.4 淘宝网功能

（7）淘宝商城——淘宝 B2C 平台。

随着用户需求的细分和电子商务的发展，淘宝即将推出全新的 B2C 平台。新平台致力于为品牌厂商开拓网上零售渠道，扩大品牌在网络消费者中的影响力，打破传统零售靠压榨生产企业来转移其自身成本，通过降低交易成本冲击市场，创造生产者、消费者、淘宝的三赢局面。淘宝网B2C平台界面如图1.5所示。

图1.5 淘宝网B2C平台界面

三、网站操作流程

用户操作流程如图1.6所示。

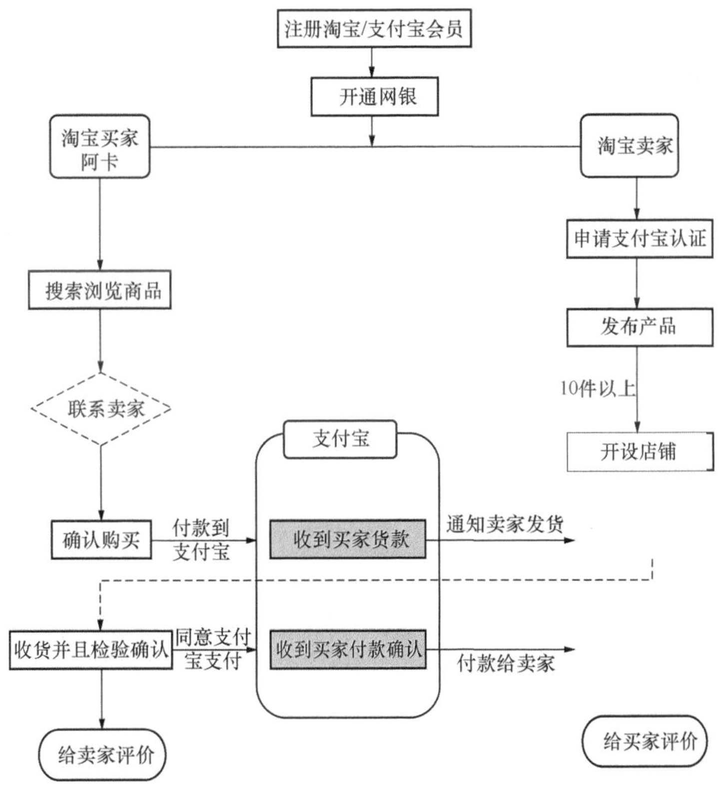

图1.6 用户操作流程

（1）注册成为淘宝的会员，具体步骤如图 1.7 所示。

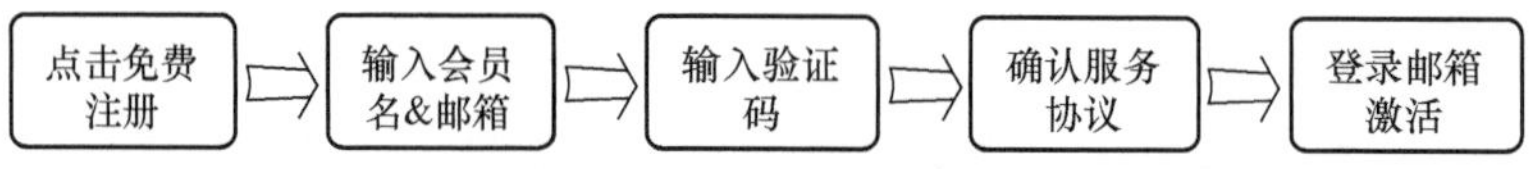

图 1.7　淘宝注册会员步骤

（2）注册成为淘宝的会员后，如果想开一家属于自己的小店，那么就需要通过支付宝的认证。通过实名认证，将获得（支付宝个人认证图标）或（支付宝商家认证图标），它会在信用评价中的用户名旁边显示。这个图标对于买家和卖家来说都是附加的安全标记。

支付宝个人认证流程图如图 1.8 所示。

图 1.8　支付宝个人认证流程图

支付宝商家认证流程图如图 1.9 所示。

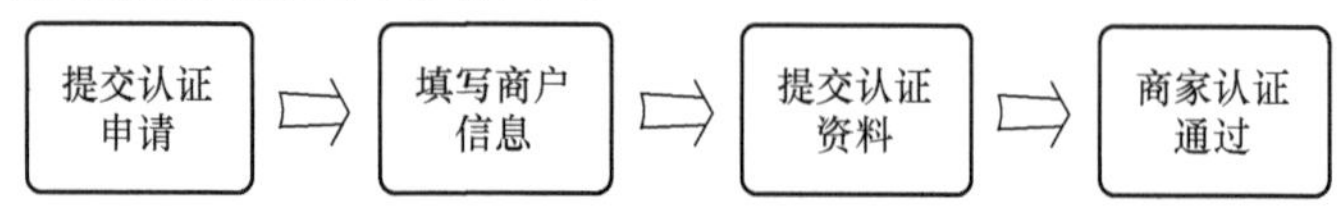

图 1.9　支付宝商家认证流程图

（3）做淘宝网的卖家，拥有自己的个性小店，需要了解淘宝网上交易的要点，要想顺利交易还要了解以下流程，如图 1.10 所示。

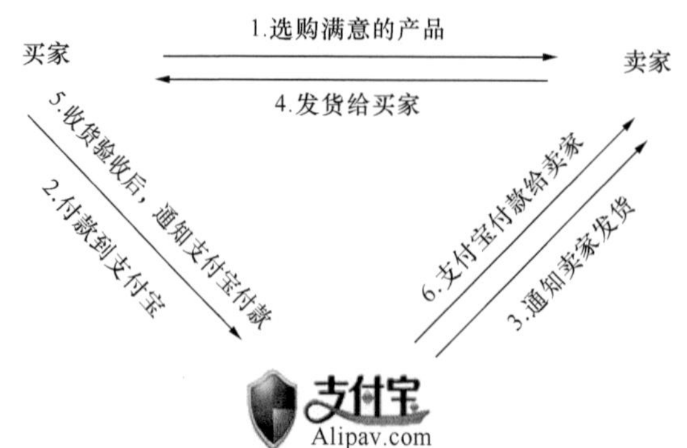

图 1.10　淘宝网交易流程

1）淘宝网安全交易流程如图 1.11 所示。

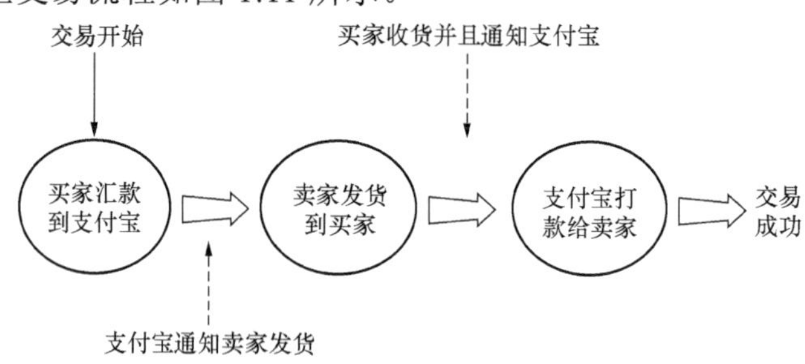

图 1.11　淘宝网安全交易流程

2）卖家交易演示如图 1.12 所示。

图 1.12　卖家交易演示图

第一步：申请认证。

支付宝个人认证流程图如图 1.13 所示。

图 1.13　支付宝个人认证流程图

支付宝商家认证流程图如图 1.14 所示。

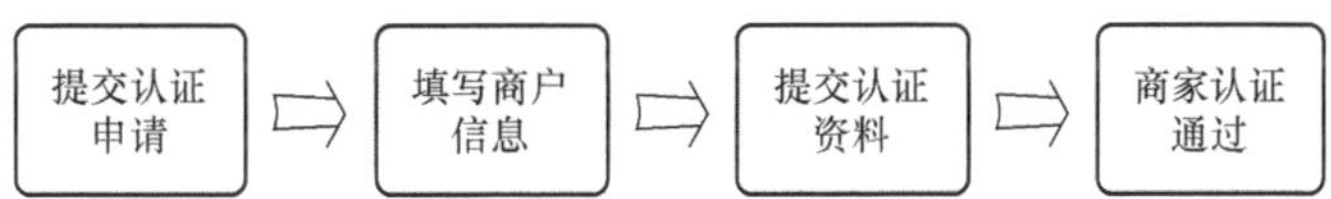

图 1.14　支付宝商家认证流程图

第二步：发布宝贝＆开设店铺。流程图如图 1.15 所示。

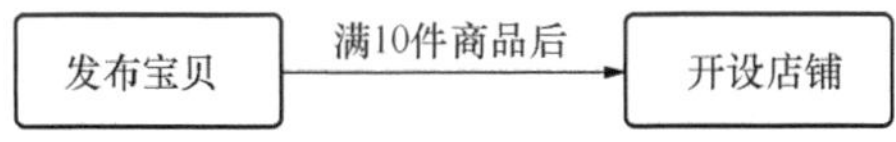

图 1.15　发布宝贝＆开设店铺流程图

其中店铺设置有以下 6 项功能，如图 1.16 所示。

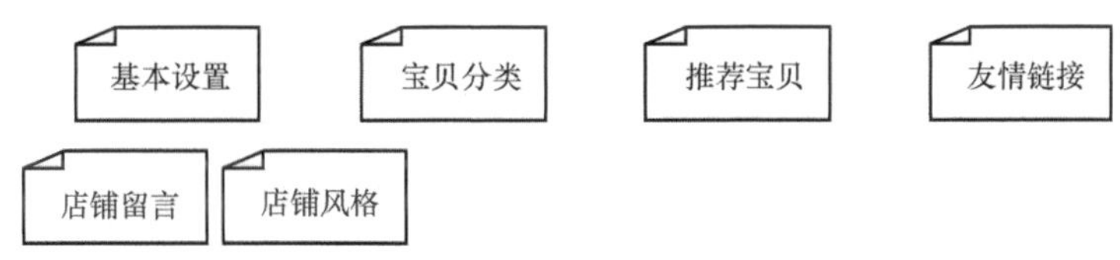

图 1.16　店铺功能

第三步：宝贝出售中，相关功能如图 1.17 所示。

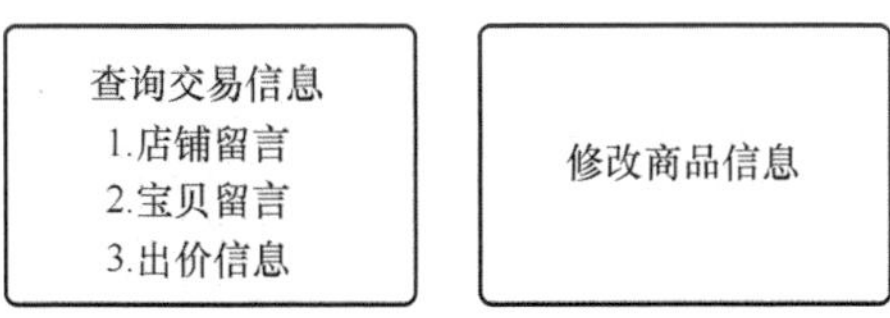

图 1.17　宝贝出售中相关功能

第四步：宝贝成交后，成交流程图如图 1.18 所示。

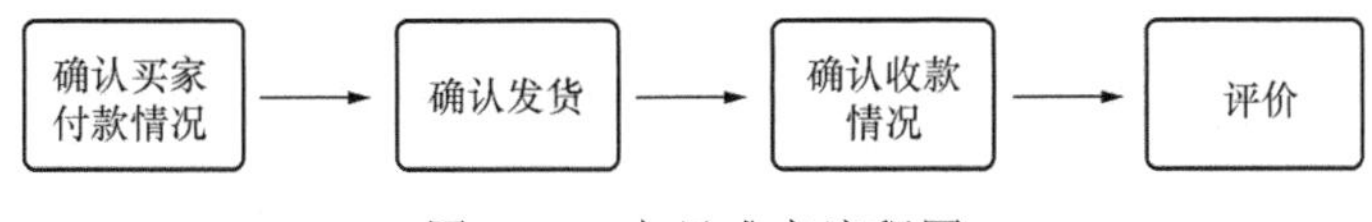

图 1.18　宝贝成交流程图

3）买家交易演示如图 1.19 所示。

图 1.19　买家交易演示流程图

第一步：搜索&浏览宝贝，包括以下 4 种方式，如图 1.20 所示

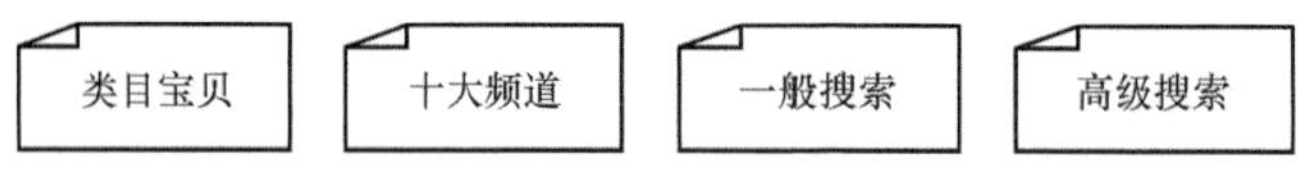

图 1.20　搜索&浏览宝贝方式

第二步：联络卖家，包括以下 4 种方式，如图 1.21 所示。

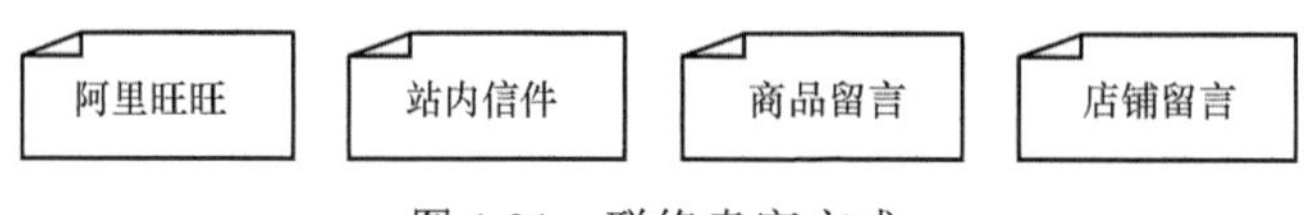

图 1.21　联络卖家方式

第三步：出价&付款，包括 2 种出价方式，如图 1.22 所示。

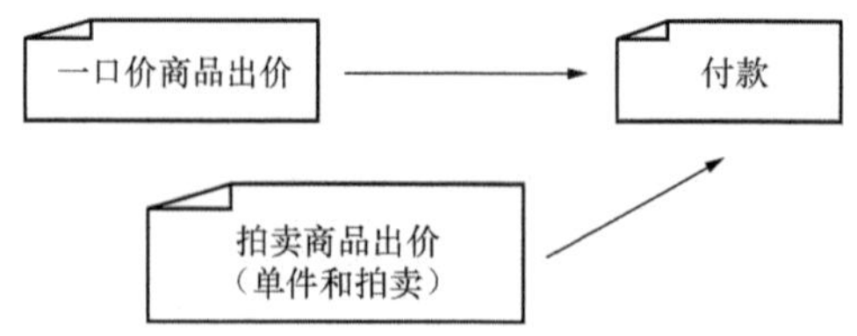

图 1.22　出价&付款流程图

第四步：收货&评价。先收到货物，再进行评价，如图 1.23 所示。

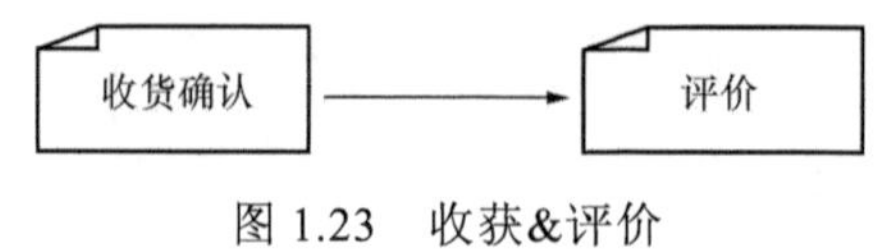

图 1.23　收获&评价

四、网站设计分析

1. 总体设计分析

淘宝网网站以 JavaScript 脚本语言构建网页的主要结构和基本功能，并且实现网页中的动态效果。用 XML 技术实现网站登录和注册的功能。

淘宝网的主页内容分布比较集中，给人以大信息量的感觉，这种布局也是符合淘宝网本身的需求的。淘宝网一直致力于打造 C2C 第一网站这一品牌，因此网站需要给人以一种拥有海量信息量的感觉。

2. 栏目分析

（1）淘宝网的栏目中主要有宝贝类目、集市、商城、二手、店铺，这些栏目主要用来发布各类商品的信息，其中“宝贝类目”这一子栏目中将所有商品分为 34 个大类，两百多个小类，品种齐全，分类清晰，顾客可以很方便地从中找到自己中意的宝贝。

（2）淘宝网的栏目中还有精彩活动、购物指南、国内机票快速查询、资讯、彩票这些栏目，“精彩活动”栏目主要发布网站的一些促销信息，而“购物指南”为顾客提供了更好的挑选符合个人品位的商品服务。“国内机票快速查询”方便顾客查询飞机航班，并且能为顾客挑选到最低价格的航班。“资讯”这一栏目为广大顾客提供最新最全的各类及时信息，而其中新建成的“彩票”栏目更是广受彩迷们的欢迎。

3. 技术分析

网站的建设采用了 PHP 编程语言。PHP，一个嵌套的缩写名称，是英文“超级文本预处理语言”（Hypertext Preprocessor）的缩写。PHP 是一种 HTML 内嵌式的语言，PHP 与微软的 ASP 颇有几分相似，都是一种在服务器端执行的“嵌入 HTML 文档的脚本语言”，语言的风格有点类似于 C 语言，现在被很多的网站编程人员广泛地运用。PHP 独特的语法混合了 C、Java、Perl 以及 PHP 自创的新语法。它可以比 CGI 或者 Perl 更快速地执行动态网页。用 PHP 做出的动态页面与其他的编程语言相比，PHP 是将程序嵌入到 HTML 文档中去执行，执行效率比完全生成 HTML 标记的 CGI 要高许多；与同样是嵌入 HTML 文档的脚本语言 JavaScript 相比，PHP 在服务器端执行，充分利用了服务器的性能；PHP 执行引擎还会将用户经常访问的 PHP 程序驻留在内存中，其他用户在访问这个程序时就不需要重新编译程序了，只要直接执行内存中的代码就可以了，这也是 PHP 高效率的体现之一。PHP 具有非常强大的功能，所有的 CGI 或者 JavaScript 的功能 PHP 都能实现，而且支持几乎所有流行的数据库以及操作系统。

PHP 基本语法也比较容易理解，可通过以下的一些例子看出来。

<? php echo “Hello!”； ? >显示结果为“Hello!”。

<? php $greeting = “Hello!”； echo $greeting； ?> 显示结果与上一句相同。

<? php $greeting = “Hello!”； $num = 3 + 2； $num++； echo “$greeting $num people！”； ? >
显示结果为“Hello！ 6 people！”。

PHP 中还用到一些 for 循环以及 if 选择性结构语句，例如：

for ($i = 4; $i < 8; $i++) { print “I have eaten $i apples today.n”； } 或 $i = 4; while ($i < 8) { print “I have eaten $i apples today.n”; $i++; }.

返回结果是：I have eaten 4 apples today. I have eaten 5 apples today. I have eaten 6 apples today. I have eaten 7 apples today.

if ($user_count > 200) { print “The site is busy right now!”;}

elseif ($user_count > 100) { print “The site is active right now!”; }

else { print “The site is idle - only $user_count user logged on.”; }

返回结果是：根据 user_count 的值显示不同的结果。

五、网站运营分析

淘宝网凭借众多注册的淘宝小店，已经成为中国最大的 C2C 购物网站。随着 C2C 的快速发展，个人网上交易成为传统零售市场的一个重要补充，在产品越来越丰富的同时，成本则越来越低。淘宝小店借助这一特点，利用淘宝网站提供的大型电子商务平台，以免费或收取较少费用在网络平台上销售自己的买卖空间。只要合法，任何人都可以在这里买卖任何商品。

淘宝网：TOP 购物网站。

经过 4 年多的时间，淘宝网已经赢得了消费者的认同，市场占有率达到 82%，网站日均访问量为 900 万，高峰时日交易额超过 2 亿元。目前淘宝网站上商品数的丰富程度已经超过了数百家大型超市，日均交易额也不断突破。

淘宝网：中国交易业绩。

图 1.24　淘宝网中国业绩

2007 年淘宝全年交易额达 433 亿元，逼近华联超市全国 3913 家门店的 2006 年总成交额——440 亿元，甚至逼近三大跨国零售巨头沃尔玛（150 亿元）、家乐福（248 亿元）和易初莲花（135 亿元）三家跨国零售巨头在华销售额的总和，如图 1.24 所示。

六、创新分析

淘宝网倡导诚信、活泼、高效的网络交易文化。在为淘宝网会员打造更安全高效的商品交易平台的同时，也全心营造和倡导了互帮互助，轻松活泼的家庭式文化氛围，让每位在淘宝网进行交易的人，交易更迅速高效，并且在交易的同时，交到更多朋友，成为越来越多网民，特别是大学生网上创业和以商会友的最先选择。

淘宝网创造性地推出了“支付宝”产品，将网上交易的危险性降低到最小化。同时，淘宝网积极完善中国个人网上交易的支付平台，与工商银行、招商银行等进行全方位的合作，为用户提供最大的方便。“重信轻利，其利自来”，淘宝网相信对诚信的一贯坚持将保障自身的更长远发展，尽管遭遇到难以想象的困难，但是对诚信的坚持和建设，是淘宝网跃居中国第一的最基本基础。

淘宝网自 2003 年成立以来，一直坚持免费的策略，这是因为淘宝网认为免费是投入的一种表现方式。中国个人电子商务市场的发展还远未成熟，淘宝网有责任通过大量的投入和免费的策略，不断地普及网络购物的概念，加大并且完善以“支付宝”为代表的电子商务诚信体系和安全体系的建设，回馈目前上千万网络交易的先行会员，并且不断地扩大网络交易的人群总体数量。2005 年 10 月淘宝网在北京宣布将继续免费 3 年，同时阿里巴巴公司也宣布对淘宝网追加 10 亿元人民币的投资，进一步带动中国电子商务的迅速发展，并且在未来 3 年通过淘宝网的个人网上交易，给中国社会创造 100 万个就业机会。淘宝网这种对免费的坚持与呼吁，其实就是呼吁对中国市场更大的投入。免费降低了中国网民、网友、网商上网进行个人间交易的门槛，是保护当前网上交易双方利益的措施，也是体现公平竞争规则的现实选择。让更多的网民和中小企业有机会成为面向个人消费市场的网商，让更多的普通消费者有机会尝试网上消费，这是作为一个有远大目标的企业高瞻远瞩的举措。

值得提出的是，淘宝网之所以在短时间内迅速崛起成为中国市场第一，免费是一个原因，但不是最主要的原因。摩根斯坦利的最新中国互联网分析报告指出，淘宝网占据优势的原因在于注重用户社区体验、界面友好和反应迅速以及领先的“支付宝”支付方式。

淘宝网认为，中国将成为世界最大的电子商务市场。目前中国个人网上交易跟国外发达国家尚存在相当大的差距，建设和推动这个市场是至关重要的。

阿里巴巴和淘宝网 CEO 马云表示，电子商务的迅猛发展，必定可以成为中国国民经济中的支柱性产业之一，而阿里巴巴和淘宝网在中国与跨国公司竞争中的优势，以及每年超过 100%的发展速度表明，电子商务完全可以成为中国最具国际竞争力的产业。

七、总结评点

作为目前国内最大的网上个人交易平台，淘宝网越来越受到广大网民的关注。淘宝网率先集成支付宝，使得交易安全性得到有力的保障。由国际知名的阿里巴巴网出资进行强势宣传，使得淘宝网在短时间内覆盖了全国大中小城市。

早期入住淘宝网的商家和个人，有很多在淘宝网上取得了骄人的业绩。从事网上交易的人逐渐增多，大大推动了国内电子商务的普及。

由于物流配送体系发展并不成熟，目前网上购物依靠的配送商主要还是传统的邮政和快递企业，规模数量庞大，但质量方面仍有待提高。没有高效率的物流体系作为保障，网上购物没有空间距离、快速交易的优势难以体现。当然，这类问题并不仅存在于淘宝网这个一网站中，而是存在于 C2C 整个领域之中。随着支付、配送体系的逐步完成，淘宝网凭借中国第一 C2C 网站的品牌，必然能取得更多傲人的成绩。

八、知识与能力创新拓展

5W1H 法是美国陆军首创的创造技法，是一种通过为什么（Why）、做什么（What）、何人（Who）、何时（When）、何地（Where）和如何（How）6 个方面的提问，从而形成创造方案的方法。

这个方法大致可分为 3 步进行：①对创造对象从上述 6 个角度提问，检查其合理性；②将发现的难点疑问列出；③讨论分析，寻找改进措施。

如果现行的方法或产品经过 6 个问题的审核已无懈可击，便可认为这一方法或产品可取，如果 6 个问题中有哪一个答复不能令人满意，则表示这方面还有改进的余地。如果哪方面的答复有着独到的优点，则可用以扩大产品的效用。

6 个提问根据问题性质不同，发问内容也不同。

为什么（Why）？为什么中国的电子商务网站还不够成熟？为什么不同的电子商务网站的主色调不同？为什么淘宝网设计成这样的网络结构？为什么淘宝网要不断改进经营模式？为什么淘宝网能够在短时间内取得 C2C 电子商务市场的领先地位？为什么会有这么多人信任淘宝网进行网上购物？

做什么（What）？组建一个成功的电子商务网站需要做些什么？重点是什么？目标是什么？网站有哪些功能？网站顺利经营具体应该落实些什么？淘宝网要成为全球最大的个人交易网上平台又必须做些什么？

谁（Who）？谁是淘宝网的创始人？谁是淘宝网的主要成员？谁是淘宝网的投资者？谁参与了淘宝网的淘宝行动？谁第一个在淘宝网上开了自己的网上小店？

何时（When）？淘宝网是何时创立的？淘宝网上真正交易是从何时开始的？何时是淘宝网点击率最高的时段？买家何时付款？卖家何时发货？支付宝何时打款给卖家？

何地（Where）？买卖双方在何地进行交易？淘宝网在何地最受欢迎？淘宝族去何地才能淘到想要的宝贝？

如何（How）？如何吸引更多的消费者加入淘宝族？如何注册成为一名淘宝者？如何在淘宝网上开店？登入淘宝网后如何进行淘宝购物？买卖双方是如何交易的？支付方式如何？如何开拓新的营利点？如何使每一笔网上交易都能按照法律法规合法合理进行？当买卖双方出现矛盾时，如何通过有效的手段来调解？卖家如何提高本店的信誉度？买家如何快捷方便地淘到想要的商品？淘宝网今后的发展趋势和前景如何？

下面来举例说明一下 5W1H 法在淘宝网中的应用。

（1）为什么要构建淘宝网？（Why）

随着信息技术时代的到来，网上购物不仅已经成为一种时尚，而且它便捷的购物渠道、丰富的商品、个性化的服务日益受到人们特别是年轻一代的追捧。相隔两地素不相识的人可以把自己认为有价值的东西放到网上去卖，一方面可以交到志同道合的网友，另一方面也是一种创业方式。这就是淘宝网组建的社会背景和机遇挑战。

（2）卖什么？（What）

卖什么这是淘宝网组建前必须深思熟虑的。商品门类那么多，而且更新换代非常迅速，不可能把所有商品都搜罗到上面。针对买家的需求和消费结构、层次等来确定几类重点推出的商品，例如：衣服、饰品、化妆品、书刊、电子产品等。淘宝网设置的栏目也很有特色，有宝贝类目、集市、商城、二手、店铺等，同时还设立了精彩活动（向淘宝族提供促销信息）、购物指南（引导淘宝族快捷淘宝）、国内机票快速查询（方便旅客出行，除了能查询航班、时间，而且能找到最低价的机票）、咨询（提供各类咨询）、彩票（一方面为彩迷们提供了玩彩票的途径，另一方面也吸引一部分彩迷参与到淘宝族中，同时还提升了淘宝网的人气，一举多得）。

（3）谁来参与网上购物？（Who）

一件商品的交易总要有两个主体：买家和卖家。

卖家既是淘宝网的推崇者，又是淘宝网的主要参与者。淘宝网为他们提供了免费的商品展示地，他们在网上开店，出售自己的商品，同时通过支付宝来收取买家所付的款项，淘宝网从中收取少量的保管费。也许你会觉得淘宝网通过提取少量的保管费成不了气候，根本无法兴旺起来，但事实上随着淘宝网的日益深入人心，淘宝族的队伍也越来越强大，市场占有量也越来越多，这样日积月累，积少成多，俨然已经成为国内 C2C 型网站的龙头老大。

买家不分年龄、性别、种族，任何一个上网的人在淘宝网上看到了自己喜欢的商品，都可以参与交易，当然前提是必须有一个支付宝的账号。不用担心上当受骗，在淘宝网上注册的卖家都要经过淘宝网的严格审核，并且支付方式也是比较安全的，在接收到购买的商品并且查验后再通过支付宝来付款，这样在一定程度上提高了卖家的信誉，同时也为淘宝网赢得了较好的口碑，吸引更多的淘宝族加入。

淘宝网因此成为卖家和买家交易的平台，沟通的渠道和安全支付的保障。

（4）在哪里寻找自己想要的商品？（Where）

淘宝网设置的门类繁多，有宝贝类目、集市、商城、二手、店铺，这些栏目主要发布各类商品信息，品种齐全，分类清晰。在宝贝类目中将所有商品分为 34 大类。两百多小类，买家可以根据自己的需求很方便地从中找到自己中意的宝贝。例如，你想买一台笔记本电脑，可对于经济并不宽裕的你来说这是一笔很大的费用。这时你不妨选择去淘宝网逛逛，各种品牌各种型号的笔记本电脑都有，价格肯定比市场价格便宜得多，或者去二手栏目里瞧瞧，说不定也能相中，有些虽然已属于二手货，但看上去基本上是全新的，而且性能等各个方面也不差，关键是价格便宜。网上购物比现实生活中要便捷得多，你不必一个商场一个店铺地去逛，只要闲暇时坐在计算机前登录淘宝网，根据自己的需求选择相应的栏目，就可以任意挑选了。由于店铺很多，商品更多，所以选择的余地是很大的，一定会满载而归。

（5）选择什么时候上网购物？（When）

可以说是随时随地，只要你有时间，具备上网的条件，就可以了。第一次登录淘宝网要先注册，如果你对计算机操作不太熟练，可以请教他人或已是淘宝族的人，这样不至于花费太长的时间，在最短的时间内找到自己中意的商品，并且若有人指导学起来也快。如果你还没有申请支付宝账号，也可以向淘宝族好友借用一下支付宝账号来完成第一次淘宝行动。

（6）如何淘宝？（How）

确定自己想要买什么，带着目的去淘宝效率要高很多。登录淘宝网，在栏目里选择想买的商品的类型，然后选择网上小店。一般情况下每个小店都有一个等级，等级越高的，信誉越高，诚信度也高，安全性也好，你可以将等级较高的作为首选之列。挑到商品后，你可以通过 QQ、E-mail、MSN 等与卖家联系，商谈具体交易的事项，当然最主要是砍价。谈成之后，卖家将商品按照你提供的具体地址通过快递公司寄出，你把钱打到支付宝上暂且保管，待你收到商品后，支付宝再将钱汇入卖家的账号，并且从中收取少量的保管费。这样，一次淘宝活动才算基本结束，你可以给卖家打分，卖家的等级掌握在买家的手中，这也促使卖家提高诚信度。如果你对快递过来的商品不满意，与卖家协商之后，可以退换。

作业与设计

参考上述对淘宝网的分析和创新技法的运用，完成以下设计 C2C 电子商务网站的设计要求和步骤。

（1）熟悉淘宝网中买和卖的操作流程。

（2）构思一个 C2C 网站的运营模式，描述在该模式中购买商品和出售商品的具体流程。

（3）描述该 C2C 网站的盈利方式。

（4）运用 5W1H 的方法，审核该运营模式和盈利方式是否具有可行性。

第2章 卓 越 网

一、网站介绍

卓越网（如图 2.1 所示）是目前国内具有较大影响力和辐射力的电子商务网站之一。自诞生以来，凭借独创的“卓越模式”——“精选品种、全场库存、快捷配送”，赢得了超过 520 万注册用户的衷心支持，发展成为中国访问量最大、营业额最高的 B2C 网站之一，作为全球知名 B2C 电子商务网站——Amazon.com（亚马逊）的旗下公司，卓越网继承和发展了亚马逊的经营理念和经营方式，在激烈的电子商务网站竞争中不断寻求突破和发展。

图 2.1 卓越网界面

注：以上资料来源于 http://www.amazon.cn/，其相应文字图片，网站的商品及服务商标和商号，为各自权利人所有，这些资料只限用于个人学习研究使用。

二、网站功能模块

卓越网的板块主要包括首页、商品分类、购物车、在线客服、网站介绍、帮助等。它的每个板块简洁明了，虽然是独立的，但又是相互关联的，这使得消费者的购物更加方便。

卓越网是一个以销售为主的商务网站，所以在商品的提供上非常丰富。它对商品进行分类，并且设置查找，以方便顾客来购买商品。网站将商品分成 5 大类，划分比较详细，有图书音像软件、消费电子、家具化妆、专业店和其他，在这 5 大类里又划分了 46 小类，使得顾客的选购更加快捷。

三、网站操作流程

1. 注册（如图 2.2 所示）

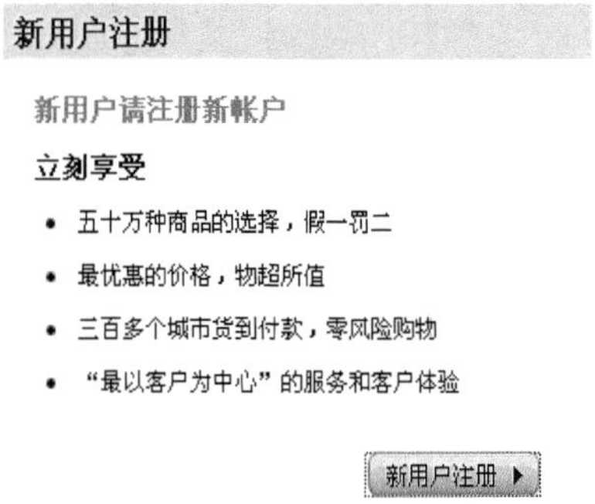

新用户注册

新用户请注册新帐户

立刻享受

- 五十万种商品的选择，假一罚二
- 最优惠的价格，物超所值
- 三百多个城市货到付款，零风险购物
- “最以客户为中心”的服务和客户体验

新用户注册 ▸

图 2.2　新用户注册界面

（1）填写注册信息，如图 2.3 所示。

注册新用户

注册新账户方便又容易

请输入E-mail地址 daxuecheng@gmail.com　您的新用户名是：daxuecheng@gmail.com

轻松获取免费邮箱：网易 搜狐 新浪

重新输入一遍 daxuecheng@gmail.com

请输入昵称 邓凯 (可选)　您希望我们怎样称呼您？

为保护您的账户信息，请设置密码 ●●●●●●●　您设置的密码验证通过。

请再次确认 ●●●●●●●

为了增加安全性，请输入验证码 6536

6536

图 2.3　注册新用户信息界面

（2）完成注册，如图 2.4 所示。

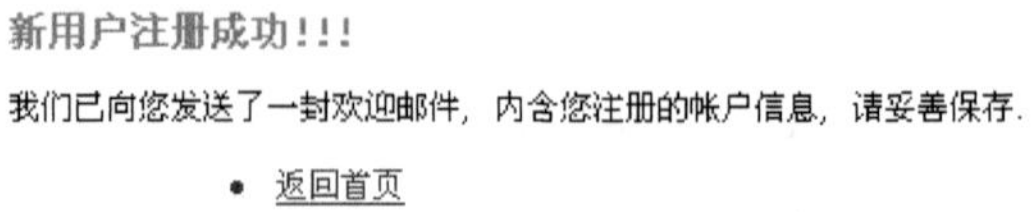

新用户注册成功!!!

我们已向您发送了一封欢迎邮件，内含您注册的帐户信息，请妥善保存.

- 返回首页

图 2.4　新用户注册成功界面

2. 购物

购物流程如下。

挑选商品→放入购物车→选择特惠商品→用户登录、注册→进入结算中心→订单确认

第一步：选定商品，并且单击  购买 按钮。

第二步：选择所需要的特惠商品。选择特惠品，需要点击特惠品并且单击  放入购物车 按钮，确认特惠品是否出现在网页右边部分的商品名称中。选择成功后，特惠品和订购的商品是在一起的。如果订单中没有特惠品，则系统默认为放弃特惠品。

第三步：用户登录、注册。

第四步：填写收货人信息，单击 配送至这个地址 按钮。

第五步：选择收货方式，如图 2.5 所示。

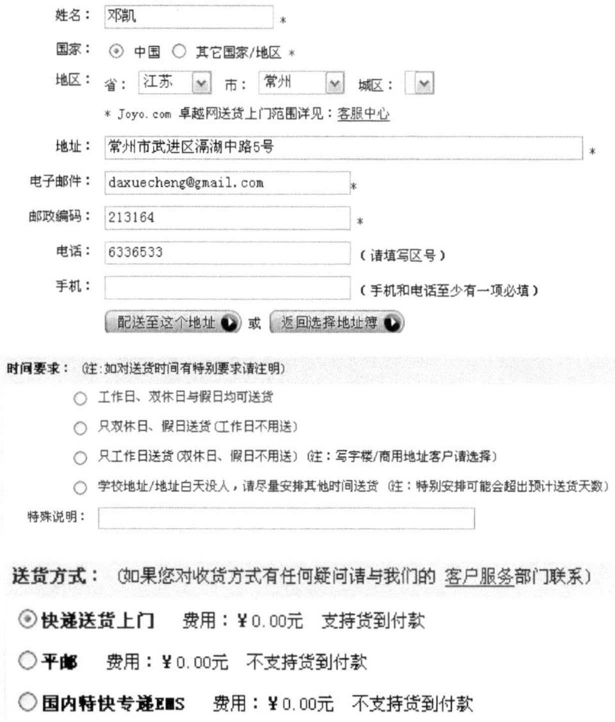

图 2.5 送货方式界面

若有时间要求也可以继续进行选择。

然后单击 完成修改 按钮。

第六步：选择支付方式，如图 2.6 所示。

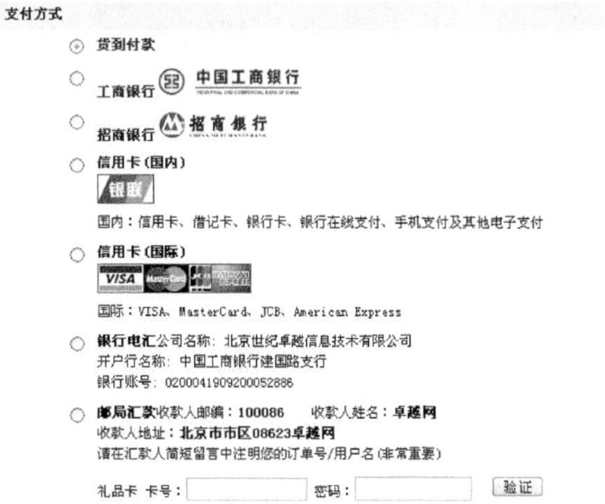

图 2.6 支付方式选择界面

提供的支付方式有：货到付款、工商银行在线支付、招商银行在线支付、信用卡（国内，国际）、银行电汇、邮局汇款。

第七步：完成上述所有流程后可以单击订单确认按钮，订单提交以后页面会提示订单号。

四、网站设计分析

1. 总体设计分析

卓越网网站的网页设计，以 VBScript 脚本语言构建网页的主要结构和基本功能，用 JavaScript 脚本语言实现网页中的动态效果。用 XML 技术实现网站登录和注册的功能。网站后台使用 SQL Server 数据库。

卓越网网站的整体结构简单明了，清新自然，给人一目了然的感觉。网站的上面和左面都是导航条，中间是主要类别的导航，右边是热卖、促销及一些有关于网站的信息发布。实现了购物网站的强大功能，内容充实，商品繁多，基本上能满足广大购物者的需要。

2. 栏目设计分析

（1）卓越网栏目的设置随商品和消费者心理变化而变化，并不是一成不变的。该网站的栏目结构交错但简洁有序：有包含也有被包含的关系，并不是只有包含或完全独立。商品信息交叉重复但表达不同，方便了各层次的有相同需求但消费侧重点或目的不同的消费者，扩大了消费群体。如“打折特卖”和“热荐商品”两个栏目中的商品信息，虽然有很多相同商品，但前者的信息在描述时突出“打折”，而后者重点突出该产品与其他同类产品的优势，更注重产品的性价比。

（2）卓越网栏目有特色：如“促销专题”提供网站最新促销信息，最畅销图书商品、最畅销影视商品等栏目提供了网站最受消费者欢迎的商品信息；“卓越网会刊”是网站的特色周刊，这些特色栏目满足了不同消费者的消费需求，方便了不同消费群体。

3. 技术分析

就目前而言，多数网站的网页都是用 VBScript 脚本语言设计而成的。VBScript（Visual Basic Scripting Edition）是 Microsoft 公司开发的 VB（Visual Basic 的简称）语言的一个子集，是 Microsoft 公司专门为 IE（Internet Explorer）开发的编程语言。它是一种简单、易学的脚本语言，广泛应用于客户端和服务器端。使用 VBScript 的目的是控制页面内容，增强网页的动态交互性。

VBScript 可以说是最容易入门的编程语言。VBScript 只有一种数据类型，即 Variant。该类型在使用的时候非常灵活。如果使用数值型的数据，就会假定其为数字并且以适用于数字的方式处理，同样地，如果使用的数据只可能是字符串，就会按字符串处理。在 VB 中，一般情况下定义常量或变量需要申明数据类型，例如：Dim A As Integer，定义变量 A 为整数型，而在 VBScript 中，可以直接如此定义：Dim A，在这里变量 A 是 Variant 类型，如果给变量 A 赋予一个整数型的值，那么这个变量的数据类型就可以当作是整数型，如果给变量 A 赋予一个字符串的值，那么这个变量的数据类型就可以当作是字符串型。从另一个意义上来讲，VBScript 还可有多种变量类型，不过要使用强制转换手段。经过相应的转换函数转换后，可以使用整数、长整数、字符串、单精度、双精度等类型。

（1）有关 VBScript 变量的知识。

① CInt()、CLng()、CSng()、CDbl()这 4 个函数是用来把一个变量转换成整型、长整型、单精度型和双精度型。例如：CInt("10")=10，CLng("65537")=65537，CDbl("3.5")=3.5。这 4 种类型是有区别的，首先 CInt()、CLng()是把变量转换成整数，其中 CInt()是一般的整数，它占两个字节，而 CLng()是把变量转换成一个长整数，它占用 4 个字节。CSng()、CDbl()都是小数转换函数，它们可以把一个变量转换成一个小数，差别仅在于精度不同，如果对精度要求不高，可以采用单精度型，如果对精度要求很高，则就要采用双精度型。

请看下例：

```
option Explicit
Dim A, B, C
A="10"
B="20"
C=CLng(A)+CLng(B)
MsgBox   C
```

最后输出结果为 30，如果将 C=CLng(A)+CLng(B)一句改为 C=A+B，那么最后结果应该是 1020，因为 C 的作用是将两个字符串加在了一起，即为 1020；如果改写为 C=CLng(A+B)的话，最后结果也是 1020，因为它是先把字符串进行相加，然后再把所得到的串转换成相应的数字。

② CStr()是将一个变量转换成一个字符串，如果上例改写成如下形式：

```
option explicit
Dim A, B, C
A=10
B=20
C=CStr(A)+CStr(B)
MsgBox   C
```

则最后的结果等于 1020，而不是 30，因为它是先将数值转换成字符串，然后再进行相加的。

③ CBool()是将一个表达式的值转换成逻辑值“真”或“假”。转换的规则是如果表达式为 0 则结果为假，如果为非零则结果为真，因此对于字符串来说，它的结果永远为真。反过来，如果把逻辑真看成数值的话，那么它等于-1，逻辑假为 0。看下列表达式：

```
A=10
B=10
C=CBool(A)                结果为 True
C=CBool(CStr(A))          结果为 True
C=CBool(A)+CBool(B)       结果为-2
```

对于前两个结果，很好理解，但是第 3 个是因为 CBool(A)和 CBool(B)均为 True，再进行加法运算时，自动转换成整数，即-1 和-1 进行相加，得出了结果-2。

以上介绍了一些转换函数，也提到了 VBScript 中的数据类型，其中最重要的就是字符串型。HTML 的大部分任务是显示指定内容的字符串。通过 VBScript 函数，可以对字符串进行截取、相加等操作。

Left、Right 是对字符串进行左截或右截。请看示例：

```
A="123456789"
B=Left(a, 3)
MsgBox B
C=Right(A, 3)
MsgBox  C
```

这样得出的结果是 B="123"，C="789"。

如果要截取一个字符串中间的几个字符，可以用 Mid 函数，如 C=Mid(A,4,3)得出的结果是 C="456"。求一个字符串的长度用的是 Len 函数，例如 Len("1234567")=7。

④ 数组。VBScript 也像其他编程语言一样，提供了数组操作。定义一个数组的格式如下：Dim A(10)，即定义了一个数组，数组的名称是 A，而它的元素是从 0 到 10 共 11 个。

（2）上面介绍的是 VBScript 的变量，必须结合其他内容才能充分学好它。下面来介绍一下 VBScript 中另一个要点：分支与循环。

① 分支指的是 If ... Then... Else...End If 语句和 Select ... Case... End Select 语句。If ... Then... Else...End If 语句有如下面的程序：

```
A =InputBox("你今年多少岁？")
If CInt(A)>18 Then
     MsgBox  "你是一个成年人"
Else
     MsgBox  "你不是一个成年人"
End  If
```

上例中用到了一个函数 InputBox()，它的作用是接收从键盘上输入的字符串，例如上例如果输入 20，则 A="20"。此例的思路是由用户输入一个年龄值，然后判断它的大小。如果它大于 18，则输出“你是一个成年人”，否则输出“你不是一个成年人”。

此例如果简化成下面的形式：

```
A =InputBox("你今年多少岁")
If CInt(a)>18 Then
    MsgBox "你是一个成年人"
End If
```

若只对输入值大于 18 的时候有响应，而对“否则”的内容不做回答。该程序还可以进一步简化成：

```
A =InputBox("你今年多少岁")
If  CInt(A)>18  Then  MsgBox  "你是一个成年人"
```

而将 End If 省略。但是由于这种写法不便于阅读，因此希望大家能够按照要求写好每一步。

还有一类分支结构是 Select … Case… End Select。Select 后面是测试表达式，Case 后面是一个表达式的值。在一组相互独立的可选语句序列中，根据不同的表达式值，选取要执行的语句序列。其格式为：

```
Select Case 测试表达式
Case 表达式值 1
      语句块 1
Case 表达式值 2
      语句块 2
      ……
Case 表达式值 n
      语句块 n
End  Select
```

If 分支和 Select 分支都是十分有用的，可以根据不同的需要来选用不同的方法，这样才能充分发挥 VBScript 的作用。

② VBScript 的循环主要有 For … Next 循环和 Do While … Loop 循环两种，首先介绍一下 For … Next 循环。请看下例：

```
Dim I, Sum
For I= 1 To  100
     Sum=Sum+I
Next
MsgBox    Sum
```

此例是计算从 1 到 100 这 100 个数的和，结果是 5050。请再看一个例子：

```
Dim  I, Sum
For  I=1 To 100 Step 2
      Sum=Sum+I
Next
MsgBox   Sum
```

这个例子是用来计算从 1 到 100 之间的奇数的和。如果要计算从 1 到 100 间偶数的和，只要把循环条件改成 For I= 2 To 100 Step 2 就可以了。

Step 为步长之意，即规定循环变量每变化一次时的增量值，如果不写，则默认为 1。Step 的值可以定为负值，如下例，依然可以实现 1～100 间偶数的求和工作。

```
Dim I, Sum
For I=100 To 1 Step -2
     Sum=Sum+I
Next
MsgBox Sum
```

其次，介绍 Do While … Loop 循环。

For 循环是规定了循环的次数进行循环，而 Do While … Loop 循环则是当条件满足时进行循环，否则便跳出循环，不像 For 循环那样严格地限定循环次数。

还以计算 1～100 这 100 个数的和为例，改用 Do While … Loop 循环表示为：

```
Dim I, Sum
I=0
Do While I<100
    I=I+1
    Sum=Sum+I
Loop
```

此例的结果是正确的。但是如果把上述循环中的两行的位置变换一下，成为：

```
Do While I<100
     Sum=Sum+I
     I=I+1
Loop
```

得出的结果将是 4950 而不是 5050。原因在循环的判断条件上。循环刚一开始的时候，I=0，Sum=Sum+I=0，当 I=99 时，Sum=Sum+99，然后 I=I+1=100，已经不再满足循环的条件，因此就退出了循环。也就是说，同样循环了 100 次，但是执行的是从 0 到 99 的累加，而不是从 1 到 100 的累加。

两种循环方式各有所长，应根据实际情况来决定用哪种方式，切忌生搬硬套。

4. 特色分析

（1）网页风格：卓越网以蓝色为基调，大方亲切，轻松明快。

（2）网页结构：卓越网图片、文字、链接、Logo 等搭配合理，重点突出，层次分明，井井有条。

（3）网站结构：卓越网的网站结构基本属于“口”形布局，页面上下各有一个商品搜索引擎，左面是主菜单——商品分类，以及合作伙伴等信息，右面放促销信息和畅销商品信息等，中间是推荐商品和打折商品。从整个页面看设计较为紧凑，显示的商品内容繁多，种类分工明确，实用性较强。

（4）内容质量：卓越网由于商品种类繁多，而且一直在拓展交易种类和业务量，所以卓越网的网站结构较为复杂，其产品发布及管理方法如下。

① 自由定义产品属性，产品种类和数量不受限制。

② 产品分类管理，支持任意级产品分类。

③ 支持图文可视化编辑，支持多媒体形式展示产品。

④ 内置产品价格体系，支持多种促销手段。

五、网站运营分析

1. 渠道上

依赖邮政。被收购之前，卓越在全国主要城市都有自己的配送队伍，只是成本相对较高；被收购之后，卓越保留了部分原来自建的配送队伍，很多地方转而与铁路快递合作，不仅降低了成本，并且拓宽了配送渠道。

2. 经营模式上

走低价精品模式。最初只有 5000 种左右的图书，尽管每年也增加不少图书品种，但由于模式使然，不大可能贸然地大幅增加图书产品线，而精选品种的能力极大化一直是卓越网的发展思路。卓越网以惊人的低价销售图书、音像、软件等产品，这使得卓越网在开通一年时就取得了骄人的业绩。同时为了保证低价，卓越网还自己定制产品，产销一条龙，增加了可供让利的空间。

3. 解决货源问题的方法

与全国各地的新华书店合作，直接到新华书店拿货，再由卓越网的配送体系配送给客户以丰富其货源。

4. 开设“百货频道”

百货有着比图书更高的毛利率，利润空间更为客观。同时百货不具备图书、音像制品那么好的直观购物性，需要更为精细化的库房与配送，需要在各个环节投入较大的成本，也就意味着更大的风险。但从销售情况来看，百货在短时间内就给卓越网带来了极大的利润，远非一般图书可以比拟的，有承担风险的价值驱动力。为有效的降低风险，卓越网并没有盲目地上产品线，而是围绕卓越网购物群的特点，选择了礼品、玩具、化妆品等商品。

六、创新分析

卓越网通过更新用户界面来改善用户体验，并且提高用户购买量。卓越网学习了亚马逊后台系统的智能化和强大的用户分析系统，推出了一项名为“最佳组合”的功能。它以卓越网消费者的购买记录为基础，采用亚马逊公司先进的平台技术与网络系统，分析研究消费者的购物需求，进而为客户推荐属性与其选择商品和购买经历相关度最高的适合商品。例如，当用户购买搜索余华的《兄弟》时，其上下册会自动组合供用户选择；当用户购买玉兰油多效修护防晒霜时，卓越网会推荐配套产品玉兰油多效修护霜。

另外，卓越网推出的“一站式结账”也很受欢迎，只要用户在卓越网有过一次成功的购物，再次购买时就只需点击购物车，交易即告完成，无须屡次重复填写订单的相关信息。虽然增加了诸多智能分析统计，但是网站运行效率由于重新设计反而提高了速度。

七、总结评点

作为中国目前最好的B2C网站之一，卓越网充分地发挥了自己的优势。通过合理有效的资源配置，进行了卓有成效的网站设计和网络营销，是中国电子商务的典范。但在某些方面还需进一步改进，面对如今这个信息一日千里的世界，只有深入思考，结合实际，大力发掘市场，才能走在电子商务的前沿。例如在网站经营方面，就存在一定的缺陷。网站在南方的销售和支付网点很多，在华南区甚至有些县区和乡镇都能够辐射到。而在北方由于电子商务的基础比较薄弱，还需要进一步进行业务开拓。卓越网解决货源问题的方法是与全国各地的新华书店合作，直接到新华书店拿货，再由卓越网的配送体系配送给客户以丰富其货源。不过，由于并非完全使用自己的仓储中心，卓越网无法控制新华书店的仓储情况，网上信息与实际仓储情况脱节的问题也随之产生——在网上能够看见这本书，点击进去却发现它处于缺货状态。

就目前情况而言，卓越正在从完善商务平台的功能、减少交易过程中多余的环节入手。

通过直复营销对用户进行个性化营销，从而大幅度挖掘所拥有的用户资源的价值。卓越网目前仍然主要是通过大幅度压缩规模、控制成本、专注于特定的厚利商品，逐步积累。只要在这个基础上，根据客观形势的发展，加强自身建设，同时在汲取其他 B2C 网站先进经营理念的基础上，随着时间的推移，网民规模将会逐渐超越临界点，网上消费意识也会逐渐树立，只要能够坚持下来，卓越网必将会有一个美好的未来。

八、知识与能力创新拓展

要想在当今电子商务网站竞争的洪流中求得生存和发展，就需要将创新理念植入网站的建设和运营中。创新是一切产生的根源，也是一切发展的动力。人们在创新实践中不断汲取经验，并且逐渐掌握了一些创新技法。下面结合卓越网来介绍一种创新技法——头脑风暴法。

头脑风暴法（Brain Storming），又称智力激励法、脑力激荡法、自由思考法等，简称 BS 法。它是由美国创造学家 A.F.奥斯本于 1938 年首次提出、1953 年正式发表的一种激发创新思维的方法。它是一种通过小型会议的组织形式，让所有与会者在自由、轻松、愉悦的氛围中畅所欲言，自由交换想法或点子，并且以此激发与会者创意及灵感，使各种设想在相互碰撞中激起脑海的创新“风暴”。头脑风暴法一经提出，立刻引起了社会的强烈反响，人们热切地关注并且广泛运用它。头脑风暴法之所以能激发创新思维，获得创新灵感，归根结底主要有以下 4 个原因。

1. 联想反应

联想是产生新观念的基本过程。在集体讨论问题的过程中，每提出一个新的观念，都能引发他人的联想。相继产生一连串的新观念，产生连锁反应，形成新观念堆，为创造性地解决问题提供更多的可能性。随着信息技术的发展，人们的生活节奏越来越快，消费观念也在无形中改变着，因此迫切需要通过一种新型的消费渠道来购物。计算机网络技术的日益成熟，成为人们获取信息的最快最佳渠道，于是人们就想是不是也能依赖网络来进行网上交易，电子商务就在人们的期盼中应运而生了。卓越网作为国内具有较大影响力和辐射力的电子商务网站之一，可谓是电子商务网站的元老级代表了，它对后来出现的各类电子商务网站具有很大的借鉴意义。

2. 热情感染

在不受任何限制的情况下，集体讨论问题能激发人的热情。人人自由发言，相互影响，相互感染，形成热潮，突破固有观念的束缚，最大限度地发挥创新思维能力。卓越网在筹划期间，从领导到员工，每一个人都积极地毫无保留地提出自己的意见，对网站的总体设计、网站的风格、网站的结构、网站的内容、网站的经营模式等都进行了认真地讨论和斟酌，充分发挥集体智慧的力量。能否保持积极的态度是决定一个人能否全身心投入的关键，只有上下一条心，齐心协力，把握住时机，才能应对各种突如其来的严峻考验，才能在竞争中处于绝对优势，获得最终的胜利。

3. 竞争意识

在有竞争意识情况下，人人争先恐后，竞相发言，不断地开动思维机器，力求有独到见解和新奇观念。竞争意识是各行各业的每个人都必须具备的，只有通过竞争才能进步，竞争是优胜劣汰的主要途径，也是督促勉励自己上进的助推器。面对形形色色的电子商务网站，要想突破重围，脱颖而出，卓越网必须时刻都要具备竞争意识，告诫自己必须提高警惕，并且要努力创新。为了使网站受到更多消费者的关注，卓越网根据消费者的心理变化和市场需求来讨论设置栏目，并且恰逢时机地推出“打折特卖”、“热荐商品”、“促销专题”等销售方法。为了迎合消费者的购物习惯和心理，每个栏目的侧重点也各有不同，使其各显神通，形成最佳组合，提高竞争优势。消费者可以根据自己的喜好或购物习惯选择商品，非常方便。

4. 个人欲望

在集体讨论解决问题过程中，个人的欲望自由，可以放心、大胆、自由地提出自己的看法。欲望是魔鬼，但如果一个人没有了欲望，就没有了对生活的热情，也就没有了参与竞争投身创新活动的动力。电子商务的出现依靠的是信息技术的发展，但如果没有人们的欲望，信息技术再发达，也不会产生电子商务，因为人们没有意识到它存在的必要性。在原始社会，人们通过物物交换来进行商品贸易，这是最原始最直观的交易方式；后来随着生产力的发展，出现了货币，人们通过货币进行等值交换，拓展了交易范围；现代社会，人们的物质生活和精神生活日益丰富，个人欲望也随之更加强烈。电子商务是为了满足人们的需要而出现的，如果在原始社会，这是无法想象的，电子商务既是时代的产物，也是人类文明进步的硕果。

头脑风暴法能激发创新思维，因此在电子商务领域中应用广泛。根据使用阶段不同，可将头脑风暴法分为直接头脑风暴法和质疑头脑风暴法。直接头脑风暴法是在网络专家群体决策的基础上尽可能激发创新思维，产生尽可能多的设想的方法；质疑头脑风暴法，顾名思义是对提出的设想、方案逐一质疑，发现其现实可行性的方法，这是一种集体开发创造性思维的方法。由于头脑风暴法是在短时间内激发创新思维，产生创新方案，所以一般适合于解决那些比较简单、严格确定的问题，例如研究电子商务网站的定位、电子商务产品的名称和销售方法、电子商务广告的口号、电子商务产品的多样化研究等，以及需要大量的构思、创意的行业，例如电子商务广告业。

头脑风暴法是通过一定的讨论程序与规则来保证创造性讨论的有效性，讨论程序是构成头脑风暴法能否有效实施的关键因素，从程序来说，组织头脑风暴法的关键在于以下几个环节，下面以设计卓越网网站内容为例展开说明。

1. 准备阶段

卓越网的创建负责人预先对会议所要讨论的问题有一定的研究，弄清问题的实质，找到问题的关键，设定解决问题所要达到的目标。以讨论网站内容为例，负责人要深刻地明确此次会议的真实目的和要讨论的主题，在开会过程中要引导与会者的思维向着所要解决的问题的方向发散，做到有的放矢。选择 5～10 个与会者，这些与会者最好是对电子商务、网站建设有一定经验或对卓越网的组建有独到见解的人，选择专家型的与会者可以使讨论收到事半功倍的效果。然后，把会议的时间、地点、所要解决的问题、可供参考的资料和设想、所要达到的目标等提前通知与会者，让大家做好充分的准备。准备阶段是会议能否取得成功的关键阶段，只有做好充分的准备，才能使会议有条不紊地进行，才能达到预期的效果。

2. 热身阶段

这个阶段是为了营造一种自由、宽松、祥和的氛围，目的是激起与会者的讨论兴趣，使大家能够打开话匣，进入一种无拘无束的状态。负责人宣布会议正式开始，说明会议的规则，然后随便谈些有趣的话题或轻松的问题，也可选择与会议内容相关的话题来闲聊。例如，聊一聊现在的年轻人，喜欢吃什么，穿什么，做什么，虽然看似与主题无关，但年轻人是上网的主力军，必然也会成为电子商务的主要成员，讨论他们的喜好无疑能使网站内容丰富多彩，更具有针对性。热身阶段是激发与会者畅谈的催化剂，为进入正式话题做铺垫。

3. 明确问题

负责人扼要地介绍有待解决的问题，介绍要简单、明确，切不可掺杂太多的内容，过多的信息会限制人的思维，干扰思维创新的想象力。网站内容的设计就是此次会议要解决的问题，明确这一点就行了，不要牵扯太多的技术问题。明确问题是指引会议朝着正确方向进行的保障，也是讨论问题和解决问题的前提。

4. 表述问题

表述问题标志着正式进入讨论阶段。在已明确问题的情况下，对所要讨论的问题有了一定程度的了解，本次会议就是为了研究如何来设计网站的内容。每个与会者可以把心中的想法做一个简明的陈述，负责人把大家的发言记录下来进行整理、归纳，挑选出富有创意的见解和具有启发性的表述，供下一步的畅谈参考。这个阶段对负责人的个人能力提出了相当高的要求，必须在最短的时间内做出正确的抉择，提炼出最经典、最精彩、最可行、最有效的提议，为进一步的讨论埋下伏笔。

5. 畅谈阶段

畅谈是头脑风暴法的创意阶段，也是产生最佳解决方案的重要阶段。为了使与会者能够畅所欲言，毫无顾忌、毫无保留地发表意见，头脑风暴法制定了特有的规则。这些规则在会议正式开始前就要让每位与会者明确：①不要私下交谈，以免分散注意力；②不妨碍及评论他人发言，每人只谈自己的想法；③发表见解时简单明了，一次发言只谈一种见解。引导与会者针对卓越网网站内容自由想象，自由发言，知无不言，言无不尽。首先，选择哪些内容作为卓越网的网站内容。卓越网是电子商务网站，是一家无形的商场，网站内容就像是商场里的商品一样，商品是否符合消费者的购买需求，价格是否合理。在选择内容前要把握主要的消费群体和他们的消费需求。网络虽已盛行，但上网的大多数是年轻人，他们接受新事物的能力强，而且对于新鲜的事物非常好奇。电子商务是一种新兴产业，是一个虚幻的购物方式。这对于充满好奇的年轻人来说自然能够挑起他们的兴趣，因此卓越网在内容设计时是以年轻人作为主要购买力的。推出了 5 大类 46 小类的商品，包括图书音像软件、消费电子、家具、化妆品、专业店等。其次，如何布局这些内容才合理。为了突出网站的特色，也为了使网站内容更加丰富，网站每隔一个阶段就会推出不同的促销品和热卖品，以低廉的价格来吸引更多的消费者参与。在畅谈阶段，每个与会者都是会议的灵魂人物，他们提出的每一条建议都有可能成为最后的决议。

6. 筛选阶段

会议结束后的一二天内，负责人应时时和与会者保持联系，了解大家会后的新想法和新思路，以此补充会议记录。筛选阶段是头脑风暴法的最后一个阶段，也是至关重要的阶段。如何对大家提出的方案进行正确地筛选是体现负责人个人素质的评判标准。负责人经过多次反复比较和优中择优，最后确定1～3个最佳方案。这些最佳方案往往是多种创意的最优组合，是所有与会者集体智慧的结晶。卓越网最后选择的商品内容是经过认真考究、仔细斟酌后确定的，这也是它取得成功的一个很重要的原因。

当然，一次成功的头脑风暴并非只要完成程序上的任务，更为关键的是探讨方式，心态上的转变，简单地说，即充分、非评价性的、无偏见的交流。具体而言，则可归纳以下4个原则：

1. 自由畅谈

与会者不应该受任何条条框框限制，放松思想，让思维自由驰骋，从不同角度，不同层次，不同方位，大胆地展开想象，尽可能地标新立异，与众不同，提出独创性的想法。如果人云亦云，没有自己的独到见解，就算网站技术力量再强，建设出来的网站也不过是一张惨白的面孔，没有任何表情，也没有引人之处，毫无前途可言。自由畅谈能使网站有血有肉，丰富多彩。

2. 延迟评判

头脑风暴法，必须坚持当场不对任何设想做出评价的原则。既不能肯定某个设想，又不能否定某个设想，也不能对某个设想发表评论性的意见。一切评价和判断都要延迟到会议结束以后才能进行。这样做一方面是为了防止评判约束与会者的积极思维，破坏自由畅谈的有利气氛；另一方面是为了集中精力先开发设想，避免把应该在后阶段做的工作提前进行，影响创造性设想的大量产生。组建网站的技术含量和内容要求都是相当高的，每个参会人员的能力有限，提出的建议不可能十全十美，不管他说的多么精彩，还是存在很多缺陷，在别人表述时都应该保持沉默，认真聆听，仔细分析，不要急着评判。一方面是对别人的尊重，另一方面也能启发和完善自己的提议，一举两得。

3. 禁止批评

绝对禁止批评是头脑风暴法应该遵循的一个重要原则。参加头脑风暴会议的每个人都不得对别人的设想提出批评意见，因为批评对创造性思维无疑会产生抑制作用。同时，发言人的自我批评也在禁止之列。有些人习惯于用一些自谦之词，这些自我批评性质的说法同样会破坏会场气氛，影响自由畅想。在别人畅所欲言的时候千万别打断别人的思路，否则不但会打击他的积极性，同时也容易使会议气氛陷入尴尬的局面。

4. 追求数量

头脑风暴会议的目标是获得尽可能多的设想，追求数量是它的首要任务。参加会议的每个人都要抓紧时间多思考，多提设想。至于设想的质量问题，自可留到会后的设想处理阶段去解决。在某种意义上，设想的质量和数量密切相关，产生的设想越多，其中的创造性设想就可能越多。

有活力的头脑风暴会议倾向于遵循一系列陡峭的“智能”曲线，开始动量缓慢地积聚，然后非常快，接着又开始进入平缓的时期。头脑风暴负责人应该懂得通过小心地提及并且培育一个正在出现的话题，让创意在陡峭的“智能”曲线阶段自由形成。例如，以年轻人的喜好来慢慢引出卓越网的网站内容。

当然，不光是网站内容能够使用头脑风暴法来设计，网站定位、网站技术、页面设计、网站运营等都可通过头脑风暴法来解决。

头脑风暴法是一种技能，一种艺术，这种技能需要不断提高和雕琢。如果想使头脑风暴保持高的绩效，最好在讨论网站设计的时候，能多次举办这样的会议。

头脑风暴法提供了一种有效的就特定主题集中注意力与思想进行创造性沟通的方式，无论是对于学术主题探讨或日常事务的解决，都不失为一种可资借鉴的途径。唯一需要注意的是使用者切不可拘泥于特定的形式，因为头脑风暴法是一种生动灵活的技法，应用这一技法的时候，完全可以并且应该根据与会者情况以及时间、地点、条件和主题的变化而有所变化，有所创新。因此，头脑风暴法是一种因时因事因地的创新方式。

作业与设计

参考上述对卓越网的分析和创新技法的运用，完成以下 B2C 电子商务网站的设计要求和步骤。

（1）介绍网站的名称，商品的种类和面向的客户群。

（2）简要介绍网站的主要模块及其功能。

（3）详细描述网站中将会出现的各个栏目及其作用。

（4）上述任务要求多人讨论，相互启发，在设计中融入自己独有的创新思想。

第3章　当　　当　　网

一、网站介绍

当当网是全球最大的中文网上商城之一，由民营的科文公司、美国老虎基金、美国IDG集团、卢森堡剑桥集团、亚洲创业投资基金（原名软银中国创业基金）共同投资。

当当网（当当网界面，如图3.1所示）提供繁多的商品、优惠的价格、快捷的搜索、灵活的付款方式、迅速的送货服务，通过不断提升各种网络功能，保持并且扩大在全球中文书刊、音像以及百货等网上零售业务上的领先地位。当当网与国内另一家知名B2C网站——卓越网，在相互的不断竞争中求取发展，向着国内第一B2C电子商务网站这一目标不断前进。

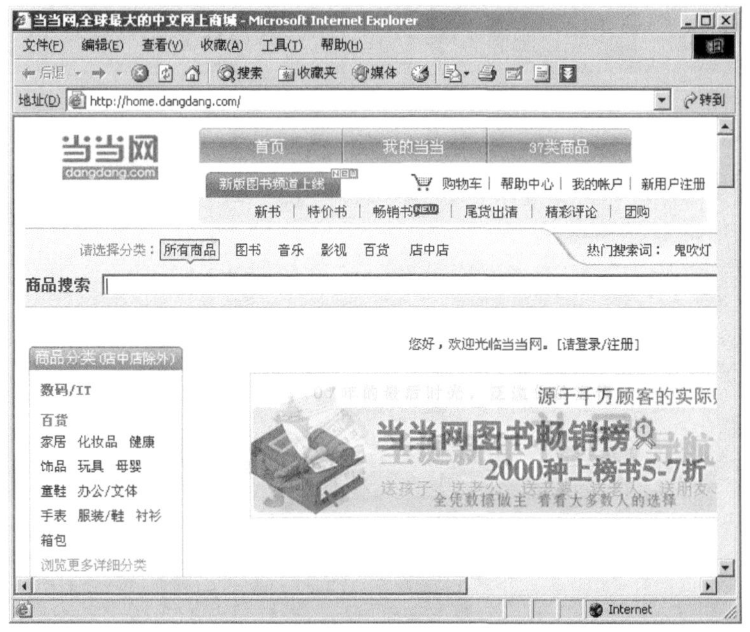

图3.1　当当网首页

注：以上资料来源于http://home.dangdang.com/，其相应文字图片，网站的商品及服务商标和商号，为各自权利人所有，这些资料只限用于个人学习研究使用。

二、网站功能模块

当当网的板块主要包括：首页，商品分类，购物车，畅销榜，五星图书榜样，商品评论，暂存架，帮助，商品推荐等。它的每个板块简洁明了，虽然是独立的，但是又互相联系，也使消费者的购物更加方便。

当当网是一个以销售图书音像商品为主的商务网站，所以在商品的提供上非常丰富。它对商品进行分类，并且设置查找，方便顾客来购买商品。网站将商品分成 5 大类，划分比较详细，有图书杂志、影视、音乐、百货、店中店等，在这 5 大类里又划分了 37 小类，使得顾客的选购更加快捷。

三、网站操作流程

1. 注册

当当网注册界面如图 3.2 所示。

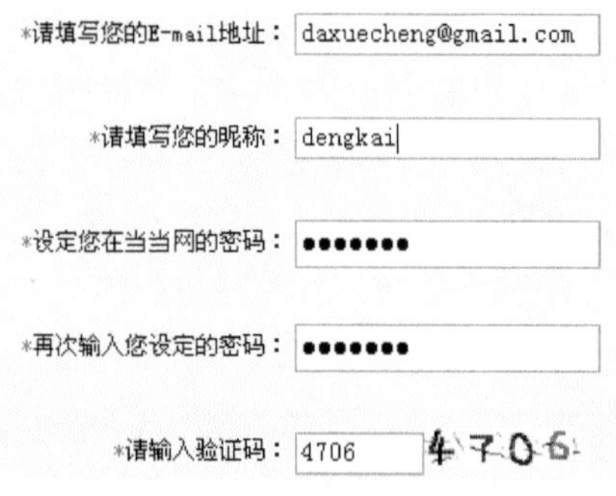

图 3.2 当当网注册界面

2. 购物

设计合理的购物流程可以大大地方便用户使用电子商务网站购物。当当网的购物流程如下。

（1）当选定所需商品后，单击购买按钮。

（2）网站显示购物清单。当当网网站购物清单如图 3.3 所示。

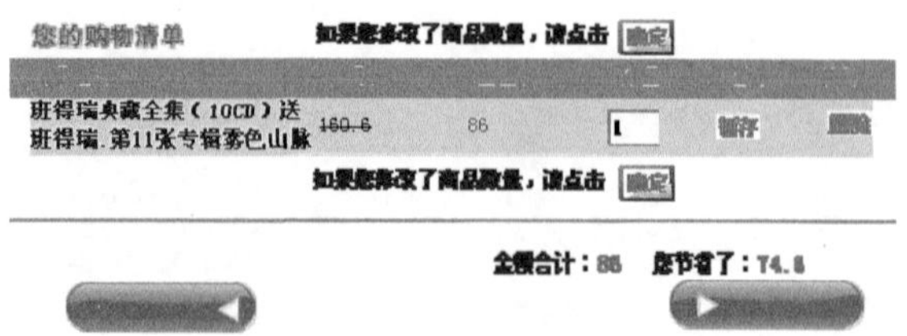

图 3.3 当当网网站购物清单

如果想要继续购买其他商品，则可单击继续挑选商品按钮，否则单击下一步按钮。

（3）输入登录用户名和密码。用户登录界面如图 3.4 所示。

图 3.4 用户登录界面

（4）填写收货人信息。收货人信息界面如图 3.5 所示。

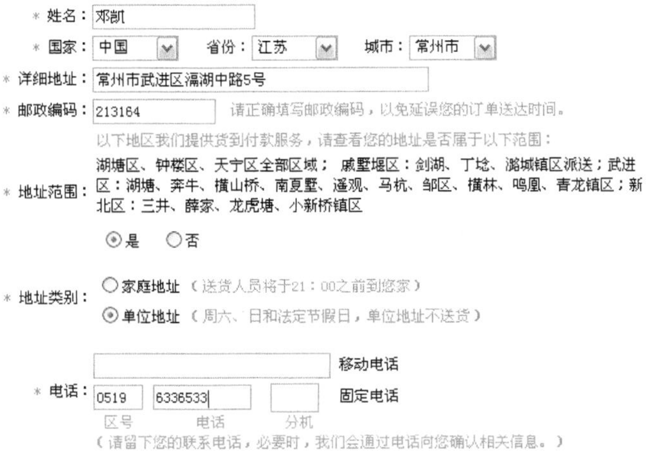
请填写收货人信息：（*为必填）

* 姓名：邓凯
* 国家：中国　省份：江苏　城市：常州市
* 详细地址：常州市武进区滆湖中路5号
* 邮政编码：213164　请正确填写邮政编码，以免延误您的订单送达时间。
以下地区我们提供货到付款服务，请查看您的地址是否属于以下范围：
* 地址范围：湖塘区、钟楼区、天宁区全部区域；戚墅堰区：剑湖、丁埝、潞城镇区派送；武进区：湖塘、奔牛、横山桥、南夏墅、遥观、马杭、邹区、横林、鸣凰、青龙镇区；新北区：三井、薛家、龙虎塘、小新桥镇区
⦿是　○否
* 地址类别：○家庭地址（送货人员将于21：00之前到您家）
⦿单位地址（周六、日和法定节假日，单位地址不送货）
* 电话：　移动电话
0519　6336533　　固定电话
区号　电话　分机
（请留下您的联系电话，必要时，我们会通过电话向您确认相关信息。）

图 3.5　收货人信息界面

（5）选择送货方式。送货方式选择界面如图 3.6 所示。

请选择送货方式：

送货方式	运费	说明
⦿ 快递	5元/单	自下单日起6-7天送达

图 3.6　送货方式选择界面

（6）选择支付方式。支付方式选择界面如图 3.7 所示。

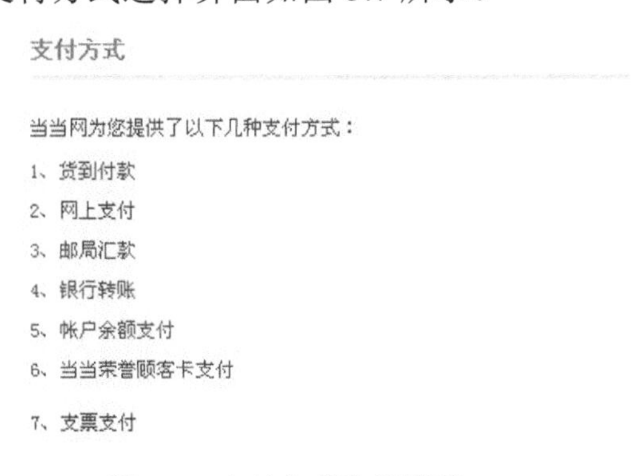
支付方式

当当网为您提供了以下几种支付方式：

1、货到付款
2、网上支付
3、邮局汇款
4、银行转账
5、帐户余额支付
6、当当荣誉顾客卡支付
7、支票支付

图 3.7　支付方式选择界面

（7）确定订单信息后，单击▶提交订单按钮。

四、网站设计分析

1. 总体设计分析

网站的网页设计方面，以.NET 脚本语言构建网页的主要结构和基本功能，用 JavaScript 脚本语言实现网页中的动态效果。

当当网的网站结构比较简单，白色的主页背景，与主页上各类商品的彩色封面图片相互搭配，清晰而又整洁。主页最上层是分类区，包括店铺名称和专题查询等，方便用户根据自己的要求查询。左面是商品分类，包括图书、影视、音乐、游戏、杂志等的分类条款。中间是主要的广告内容。右边是最近的一些新产品以及 TOP 排行榜。

由于当当网的网站设计和布局的思路来源于亚马逊网站，因此与亚马逊中国站点——卓越网在布局和内容上有很多的相同之处，而当当网区别于卓越网的最大特点是为各个商品类目增添了排行榜。抓住顾客的趋众和好奇的心理，与普通的商品推荐相比，效果要好得多。

2. 栏目设计分析

（1）分类搜索：将站内商品分门别类详细列出，用户可以选择自己需要的商品种类，再进行详细查询。

（2）组合查找：用户也可以通过商品或图书名称、出版社或发行机构、出版日期等信息直接查找自己想购买的商品。

（3）畅销区：在这里包括了最近最为畅销的商品，一目了然，十分便捷。

（4）特价专区：有些消费者希望购买一些打折商品，那么这里就是他们的天堂。因为在特卖场的商品通常都打了比较多的折扣，但绝对是保证质量的，可谓是物美价廉。

除了基本的分类之外，当当网还设置了"精品专题推荐"、"本周畅销榜"、"新品快递"等能迅速引起用户注意的栏目。个性化的栏目设计，方便快捷的商品搜寻为当当网赢得了更多的新老客户。

3. 技术分析

当当网采用的是 ASP.NET 技术来构建的网站。ASP.NET 是建立在公共语言运行库上的编程框架，可用于在服务器上生成功能强大的 Web 应用程序。与以前的 Web 开发模型相比，ASP.NET 提供了以下几个重要的优点。

（1）增强的性能。ASP.NET 是在服务器上运行的编译好的公共语言运行库代码。与被解释的前辈不同，ASP.NET 可利用早期绑定、实时编译、本机优化和盒外缓存服务。这相当于在编写代码行之前便显著提高了性能。

（2）世界级的工具支持。ASP.NET 框架补充了 Visual Studio 集成开发环境中的大量工具箱和设计器。WYSIWYG 编辑、拖放服务器控件和自动部署只是这个强大的工具所提供功能中的少数几种。

（3）威力和灵活性。由于 ASP.NET 基于公共语言运行库，因此 Web 应用程序开发人员可以利用整个平台的威力和灵活性。.NET 框架类库、消息处理和数据访问解决方案都可从 Web 无缝访问。ASP.NET 也与语言无关，所以可以选择最适合应用程序的语言，或跨多种语言分割应用程序。另外，公共语言运行库的交互性保证在迁移到 ASP.NET 时保留基于 COM 的开发中的现有投资。

（4）简易性。ASP.NET 使执行常见任务变得容易，从简单的窗体提交和客户端身份验证到部署和站点配置。例如，ASP.NET 页框架使您可以生成将应用程序逻辑与表示代码清楚分开的用户界面，和在类似 Visual Basic 的简单窗体处理模型中处理事件。另外，公共语言运行库利用托管代码服务（如自动引用计数和垃圾回收）简化了开发。

（5）可管理性。ASP.NET 采用基于文本的分层配置系统，简化了设置应用于服务器环境和 Web 应用程序。由于配置信息是以纯文本形式存储的，因此可以在没有本地管理工具帮助的情况下应用新设置。此“零本地管理”哲学也扩展到了 ASP.NET 框架应用程序的部署。只需将必要的文件复制到服务器，即可将 ASP.NET 框架应用程序部署到服务器。不需要重新启动服务器，即使是在部署或替换运行的编译代码时。

（6）可缩放性和可用性。ASP.NET 在设计时考虑了可缩放性，增加了专门用于在聚集环境和多处理器环境中提高性能的功能。另外，进程受到 ASP.NET 运行库的密切监视和管理，以便当进程行为不正常（泄漏、死锁）时，可就地创建新进程，以帮助保持应用程序始终可用于处理请求。

（7）自定义性和扩展性。ASP.NET 随附了一个设计周到的结构，它使开发人员可以在适当的级别“插入”代码。实际上，可以用自己编写的自定义组件扩展或替换 ASP.NET 运行库的任何子组件。

（8）安全性。借助内置的 Windows 身份验证和基于每个应用程序的配置，可以保证应用程序是安全的。

4. 特色分析

（1）网站广告。

当当网主页上发布的广告种类很多，包括横幅广告、按钮广告等。总体上看，当当网的广告布局设计较为合理，体现出了内容丰富、可视性强、声情并茂的特点。而其中最主要的一点在于，绝大部分广告所宣传的商品在当当网上都可以购买到，也就是说用户可以不用再去其他地方或者网站购买该种商品。而且现在当当网上也还有若干公益广告，这也可以显示出网站人性化的一面，提高网站的人气。

（2）IT 系统。

当当网每年要投入巨资维护和升级 IT 系统。用于搭建 SCM（供应链管理）与 EPR 两套管理系统，重在实现多品种商品的有效陈列，这种陈列不会走卓越网“网络媒介营销”的路子，而是强调产品的信息量。前期，当当网与 3721 网、8848 网等合作开发了检索系统，但其效果不够理想，当当网转而与雅虎合作，开发更为强大的检索工具；在信息资讯上，当当网将对商品建立更为丰富、完备的数据库，强调特色入口，重视页面的内容延伸性；为消费者定制“个性化服务”，让每个消费者都能在当当网上开自己喜欢的书店。

五、网站运营分析

1. 渠道

当当网自建渠道，主要是依靠专业快递公司进行配送，与民营快递公司合作等。当当网目前在全国 66 个城市与 100 多家民营快递公司结盟，这些快递公司都有专门的送货员骑着单车送货上门。许多单车穿行于大街小巷，为当当网的用户们送货，这大大提高了当当网的反应效率，当当网提高速度的另外一招是扩建仓储中心。自 2003 年底，老虎基金对当当网的融资完成后，当当网分别扩建了其位于北京、上海、广州的仓储中心，同时，百货类产品也随之拓展，逐步朝网上综合卖场迈进。当当网经营近百万种图书、音像、家居、化妆品、数码、饰品、箱包、户外休闲等商品，是中国经营商品种类最多的网上零售店。

2. 经营模式

当当网有一个秘密武器——更低价格。消费者在网上购物是要承担风险的，他们看不到商品实物，与网上的商家信息不对称，难以做出恰当的判断，吸引消费者甘冒这些风险的很大一个原因就是低价。当当网自主研发的“智能比价系统”的电子搜索，在发现其他网站的同类商品价格低于当当网售价时，将自动按低于对方10%的标准调低价格。

3. 网络服务

（1）货到付款：快递公司把商品送至指定地点时，由收货人当时交付货款和运费。

（2）银行汇款：用户可以通过银行汇款、转账的方式汇款至当当网。

（3）邮局汇款：全国邮政服务范围所能覆盖的国内省、市、自治区、直辖市的客户均可以选择此方式支付。

（4）信用卡支付：用户使用几种指定的信用卡付款。

除此之外，当当网还设立了专门的商品评论系统。不论消费者是对商品、服务、还是网站有任何的不满，或者对当当网有什么建议，消费者都可以通过商品评论发表观点。这样不但有利于其他客户增加对该商品的了解，也有助于网站的设计或管理人员及时修补网站的漏洞，使网站的功能更强大，更快更好的满足顾客的个性化需求。

4. 区域拓展

为了加快拓展销售渠道，当当网选择了区域拓展。其拓展主要集中在长江三角洲与珠江三角洲地区。

六、创新分析

当当网的智能比价系统，是通过互联网实时查询所有网上销售图书音像商品的信息。一旦发现有其他网站的商品价格比当当网价格还低，当当网将自动调低当当网同类商品的价格，保持与竞争对手至少10%的价格优势。当当网的“比价系统”，以技术作为标榜，将自己置身于最低价的位置。

当当网的比价系统在与卓越网的激烈价格竞争中，无疑占据了非常有力的形势。卓越网走的是“小而精”的俱乐部模式，品种数远少于当当网。而当当网的比价系统则是一种彻底的跟随战略，以价格拉低卓越网的利润空间，让卓越网去承担“判断风险”。

当当网图书短信比价服务是由当当网独家提供的辅助购买服务，通过使用短信比价服务，用户可以随时随地地了解当前所要购买图书在当当网的价格等信息，达到对比价格的目的，同时可以查到当当网是否正在销售该书，使当当网为用户服务的范围从互联网扩展到了无限领域。

用户可以通过编写手机短信，输入需要查询的图书信息：书名、ISBN 号、作者、出版社，内容可以是全部 4 个关键词，也可以是任意组合——各关键词间用空格隔开，或者只是其中一个关键词。发送短信到 10669588123，即可得到该图书在当当网的相关信息，包括该书在当当网上的实时销售价格。

七、总结评点

作为国内最具影响力的B2C网站之一，当当网一直坚持本土策略，吸纳海外资金，靠自己摸爬滚打探索经验。在与卓越网竞争“全球最大中文书店”的过程中，当当网在跟随策略的前提下，又把目标放在了C2C市场。在C2C规划里，当当网自营占了很大一部分，即当当网将继续扩大经营图书、百货、数码产品。不断扩大的商品品种以及辐射地域，也使得当当网推出“2006年当当网 C2C注册商家终身免费”的策略来吸引商户网上开铺。虽然C2C市场需要大量个人商铺帮衬，当当网却对其入驻的商户设了一些“门槛”，所有个人商户均须由当当网统一经营，物流、结算、退货等一系列服务均由当当网提供，以此保证顾客利益。

八、知识与能力创新拓展

遐想法是创造性思维的基本方法之一，遐想的本质在于创新。许多看起来十分怪异的想法，常常是新思维的开端，反之，那些似乎头头是道的思想却步入平庸。只有在轻松自在、无拘无束的遐想中，奇妙的思维才能迸发出创新的火花来。当当网虽然借鉴了许多亚马逊的构建思想和技术，但并不是简单的抄袭，它在取其精华之时又注入了新的元素和自身特色，使其提供的商品更为丰富，经营的模式更为完善，吸引的客户和投资商更多。这是当当网站组建者发散思维，开拓思路，积极畅想的硕果，是创新的先锋和模范。例如，当当网为各个商品类目增添了排行榜，抓住消费者的趋众和好奇心理，比一般的商品推荐巧妙得多，收到的效果也好得多。在栏目设计上也独具匠心，设置了“分类搜索”、“组合查找”、“当日价目”、“新客特惠”、“畅销区”、“特卖场”等栏目，同时还特别设置了“精品专题推荐”、“本周畅销榜”、“新品快递”等新兴栏目，吸引更多消费者的眼球。

遐想不是胡思乱想，也不是异想天开，它是创新思维的来源和表现手法之一。遐想不是凭空猜想，它是建立在已有的事物上，在悠闲宽松的特定环境中思维爆发的结果。当当网以“更低价格”作为经营模式，还自制研发了“智能比价系统”的电子搜索，当发现其他网站的同类商品价格低于当当网售价时，将自动按低于对方10%的标准调低价格。正是因为有了这个先进的电子搜索系统，当当网在价格上具有绝对的竞争优势，也因此赢得了新老客户的喜爱，这是当当网最有特色的创新。

遐想在现实生活中司空见惯，例如，当你沉浸在电子小说的精彩情节中，你会想：如果我是小说中的主人公，一定会扭转乾坤，把坏人统统绳之以法。当你看到电子商务网站上琳琅满目的商品时，你会想：如果这些商品都是我的，那我将是世界上最富有的人。当你玩网络游戏时，你会想：如果每天只打打游戏，不要学习和工作，那该有多好啊。当当网深刻地认识到电子商务作为新兴的行业，人们对他的可行性、安全性、可靠性还存在或多或少的疑虑。为了消除顾客的担心，当当网除了以“最低价”作为宣传方式外，还提供了周到的网络支付服务，包括货到付款（这是比较传统的支付方式，也是顾客最放心的支付方式，但这种方式受到时空的限制，在操作上存在很大的困难）、银行汇款、邮局汇款、信用卡支付等，后面的几种支付方式是随着银行、邮局、信用卡的完善逐步发展起来的。

同时为了方便顾客对购买的商品和受到的服务发表评论，当当网还特地设立了专门的论坛。顾客在购买商品后，如果对商品、服务或网站有什么不满，可以提出意见，发表言论。这一方面有利于其他顾客增加对该商品的了解，另一方面也有助于网站的设计者或管理人员及时修补网站的漏洞和不足之处，不断完善，不断进步，使网站功能更加强大，更快更好地满足顾客的个性化需求。

每个人的思维层次不同，所处的环境也不同，面对同一个事物的遐想内容也会有很大的差别。例如，同样是网上小店里的一个小饰品，年轻女性会想这么漂亮的饰品戴在头上一定特别漂亮，特别抢眼；历史学家会想这样精致的饰品似曾相识，是不是哪位妃子贵人戴过；工艺家会想这漂亮的饰品是用什么材质做成的，如果用其他材料代替会不会效果更好。虽然现在网上购物已不是什么稀奇的事，但对于不同年龄、不同学识的人来说，对电子商务的看法也不同。老年人根本就无法相信电子商务的可行性，在他们的思想观念里，虚拟的交易方式太不可思议；年轻人已经享受到了电子商务带来的便捷和优惠，期待将来有一天所有的交易足不出户在网上就能完成。文化水平较低的山村人，对网络为何物还未弄清楚，更别谈什么电子商务了，而对于学识较高的年轻人来说，对电子商务已是司空见惯，习以为常了。当当网针对不同消费群体的年龄特征、心理特点、个性特色来确定销售的商品种类。主要设置了学习类——图书杂志、娱乐类——影视音乐、生活类——百货、创业类——店中店等，设计得合理、周到，随着点击率的提高，当当网的人气也随之飙升，交易异常火爆。

遐想的自由空间很大，只要你的遐想符合道德规范，你可以在任何时间任何地点展开遐想的翅膀。不要害怕，也不要吝啬你的大脑细胞，勇敢大胆地去遐想，也许在不经意的遐想中会开出美丽的创意之花，结出创新硕果。如果当当网在卓越网的影子下畏首畏尾，不思进取，不大胆地创新，就不会有今天的成功和辉煌，也不会成为家喻户晓的电子商务网站的典范。它的成功在于勇敢地遐想，不断地创新，积极地投入和热情的服务。

作业与设计

参考上述对当当网的分析和创新技法的运用，完成以下 B2C 电子商务网站的设计要求和步骤。

（1）熟悉当当网的购物流程。

（2）设计一个具有类似当当网购物流程的简单电子商务网站。

（3）灵活运用遐想法开展创新活动。

第4章　无忧团购网

一、网站介绍

无忧团购网（界面如图4.1所示）成立于2003年初，是全国第一家商业化团购网站，开创了商业化团购这一新的商业模式，并且始终保持全国绝对领先地位。

经过3年的发展，无忧团购网目前已拥有近60万注册会员，日常在线人数保持在1万以上，网站全球排名600多位，进入中国100强，网站开设的篱笆论坛已成为上海最具人气的网络社区。

网站目前开设了上海、北京、杭州、南京、苏州5个分站，拥有员工90多名，月均交易额接近2000万元，在装修、家具、电器、婚庆、汽车等行业提供消费指导和交易服务，并且将逐步拓展到房产、育婴等其他家庭消费相关领域。

二、网站功能模块

1. 信息流

以无忧团购网和其下属论坛——篱笆论坛为信息交流平台。商家注册成为网站的会员后，通过递交相关资质证明后入驻网站，并且将商品上架，将商品信息和团购价格发布到网站上。

用户注册成为网站会员并且登录后，就可以查询到网站上架商品的所有信息，以及团购价格。如果用户要订购团购商品，则需要预先购买无忧网的无忧团购卡，该卡存储着用户的姓名，地点，联系电话等详细个人信息，以及预存入的资金。当用户确定所需购买的商品后，则可订购该商品。

网站不定期的发布团购活动信息，组织会员进行现场采购。

2. 资金流

当用户注册为会员并且购买团购卡时，则需要预先在卡中存入一定的金额。当确认订购后，则可持卡到指定商店去刷卡，购买该商品。当商家与网站签订入驻合同后，则向无忧网交纳相关费用。

3. 物流

当用户订购商品后，根据订购方式的不同，分为用户直接至商家店铺购买，或者由商家将商品送至用户指定地点。

三、网站操作流程

1. 用户注册

（1）进入无忧团购网主页后，点击首页左上角蓝色字体的“免费注册”如图4.1所示。

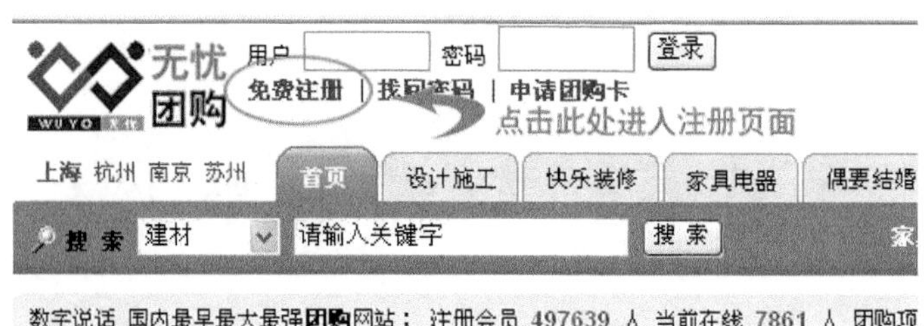

图 4.1　无忧团购网界面

注：以上资料来源于 http://www.51tuangou.com/，其相应文字图片，网站的商品及服务商标和商号，为各自权利人所有，这些资料只限用于个人学习研究使用。

（2）仔细阅读各条款后，单击“同意”按钮进入下一步注册流程，或者单击“取消”按钮退出注册，如图 4.2 所示。

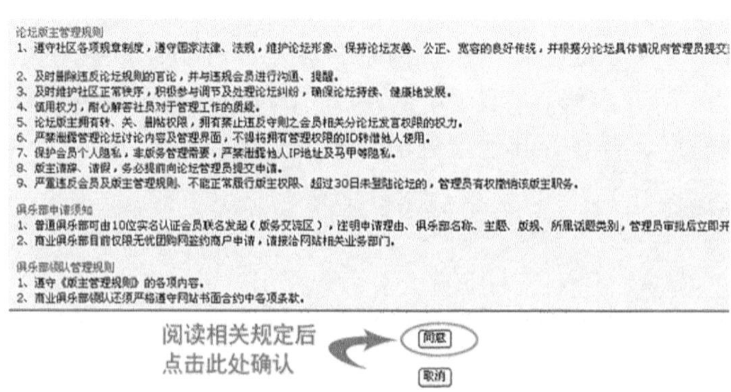

图 4.2　无忧团购网注册条款

（3）填写“用户名”、“密码”、“确认密码”、“电子邮箱”、“您的所在地”信息，其中填写完“用户名”后可单击“检查该用户名可否注册”按钮检测所填写的用户名是否已经被别人注册过，如果已经被别人注册过，那么则需要重新填写用户名，信息填完整后，单击“提交注册”按钮完成注册，如图 4.3 所示。

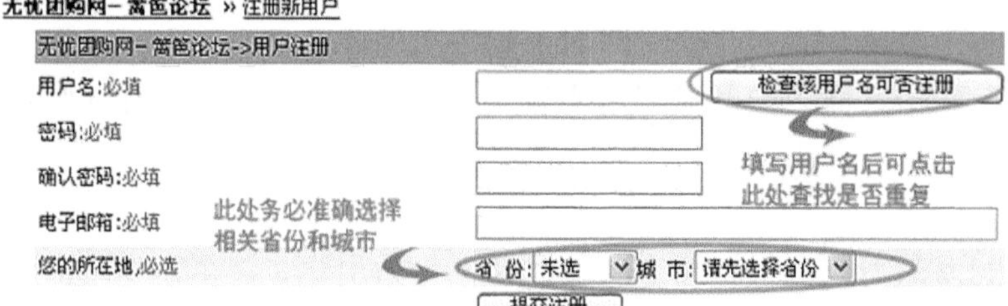

图 4.3　新用户注册界面

2. 用户购买

（1）线下特约商户持卡购买，流程如图 4.4 所示。

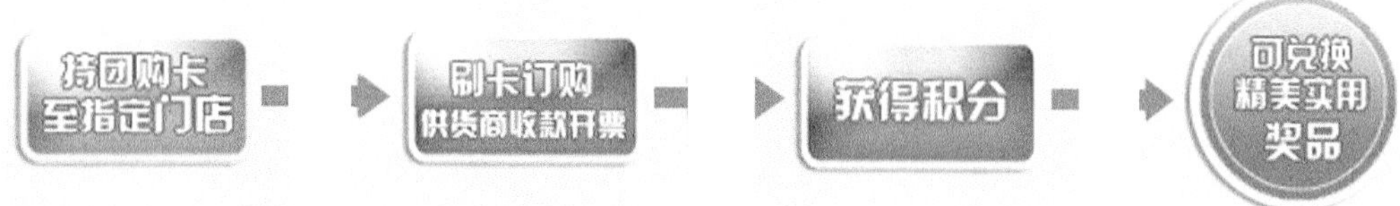

图 4.4 线下特约商户持卡购买流程图

（2）网上直接订购，流程如图 4.5 所示。

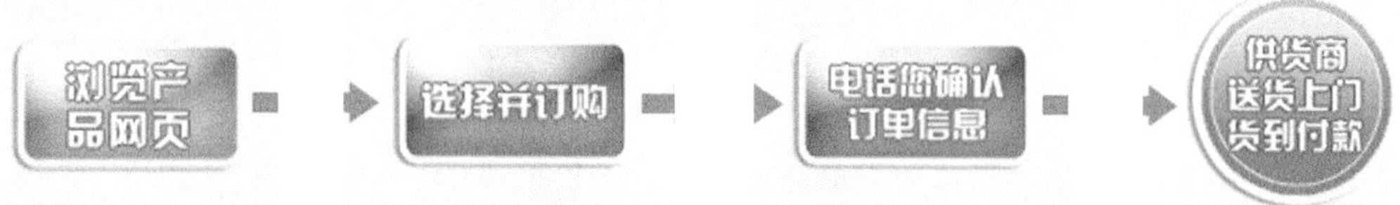

图 4.5 网上直接订购流程图

3. 商家入驻

（1）厂商可关注无忧团购会员的需求，判断自己的产品及服务是否可以提供给无忧会员。

（2）电话联系无忧团购网转接采购部，详细沟通约定相关采购。

（3）经网站审核商家资质。

（4）法人带齐各种证件来网站办理入驻手续。

（5）签订合同，交付费用。

（6）正式开始网上运作。

四、网站设计分析

1. 总体设计分析及栏目分析

无忧团购网是采用 PHP 这一网络编程技术构建整个网站和论坛。整个网站包括首页、设计施工、快乐装修、家具电器、我要结婚、学车驾车、篱笆论坛、月刊等板块，这些板块则是根据无忧网为广大会员制定的消费计划而成立的。网站的人气基础——篱笆论坛又分为买房装修、我要结婚、爱车一族、亲子育儿、时尚 LADY、老干部活动中心、交易区等几大板块。从结构上与内容上与无忧团购网协调一致。

2. 技术分析

网站的建设采用了 PHP 编程语言。接下来对 PHP 进行简单介绍。

（1）PHP 数据类型。PHP 支持整数、浮点数、字符串、数组和对象。变量类型通常不由程序员决定而由 PHP 运行过程决定（真是好解脱！）。但是类型也可以被函数 cast 或者 settype()明确的设定。

① 数值。数值类型可以是整数或是浮点数。可以用以下的语句来为一个数值赋值。

```
$a = 1234;          # 十进制数
$a = -123;          # 负数
$a = 0123;          # 八进制数 (等于十进制数的 83)
```

```
$a = 0x12;          # 十六进制数(等于十进制数的 18)
$a = 1.234;         # 浮点数“双精度数”
$a = 1.2e3;         # 双精度数的指数形式
```

② 字符串。字符串可以由单引号或双引号引出的字段定义。不同的是被单引号引出的字符串是以字面定义的，而双引号引出的字符串可以被扩展。反斜杠（\）可以被用来分割某些特殊字符。举例如下：

```
$first = 'Hello';
$second = "World";
$full1 = "$first $second";     # 产生 Hello World
$full2 = '$first $second';     # 产生 $first $second
```

可以将字符和数字利用运算符号连接起来。在 PHP 手册中有详细的例子。

③ 数组与哈希表。

数组与哈希表以同样的方法被支持。怎样运用取决于怎样定义它们。可以用 list()或者 array()来定义它们，也可以直接为数组赋值，数组的索引从 0 开始。

```
$a[0] = "first";               // 添加数组元素的简单方法
$a[1] = "second";
$a[2] = "third";               // 现在$a[2]被赋值为"third"

echo count($a);                // 打印出 3，因为该数组有 3 个元素
                               // 用一个语句定义一个数组并且赋值
$myphonebook = array (
"sbabu" => "5348",
"keith" => "4829",
"carole" => "4533"
);
$myphonebook["dean"] = "5397";
$myphonebook["carole"] => "4522"  // 假设定义的 carole 元素错了，需要修改它的值
echo "$myphonebook[0]";           // sbabu
echo "$myphonebook[1]";           // 5348
```

其他一些对数组或哈希表有用的函数包括 sort()，next()，prev()和 each()。

④ 对象。

使用 new 语句产生一个对象：

```
class foo
{    function do_foo ()
{    echo "Doing foo.";
}}
$bar = new foo;
$bar->do_foo();
```

⑤ 改变变量类型。

在 PHP 手册中提到：“PHP 不支持（也不需要）直接在声明变量时定义变量类型；变量类型将根据其被应用的情况决定。如果将变量 var 赋值为一个字符串，那么它变成了一

个字符串。如果为它赋了整数值，那么它就变成了整数。”

```
$foo = "0";                          // $foo 是字符串(ASCII 48)
$foo++;                              // $foo 是字符串"1" (ASCII 49)
$foo += 1;                           // $foo 现在是整数(2)
$foo = $foo + 1.3;                   // $foo 是一个双精度数(3.3)
$foo = 5 + "10 Little Piggies";      // $foo 是一个整数(15)
$foo = 5 + "10 Small Pigs";          // $foo 是一个整数(15)
```

如果想要强行转换变量类型，可以使用与 C 语言相同的函数 settype()。

（2）变量与常量。变量都有一个美元符号（$）作为前缀。所有变量都是局部变量，为了使定义的函数中可以使用外部变量，应使用 global 语句。而要将该变量的作用范围限制在该函数之内，应使用 static 语句。

```
$g_var = 1 ;                         // 全局范围
function test( )
{   global $g_var;  }                // 这样就可以声明全局变量了
```

PHP 内置了许多已定义的变量。也可以用 define 函数定义自己的常量，例如 define ("CONSTANT","value")。

（3）运算符。

PHP 具有 C，C++和 Java 中的通常见到的运算符。这些运算符的优先权也是一致的。赋值同样使用“=”。

① 算术和字符。以下只有一种运算符是有关字符的：

$a + $b：加

$a - $b：减

$a * $b：乘

$a / $b：除

$a % $b：取模（余数）

$a . $b：字符串连接

② 逻辑和比较。逻辑运算符有：

$a || $b：或

$a or $b：或

$a && $b：与

$a and $b：与

$a xor $b：异或 （当$a 或$b 为 true 时为 true，两者一样时为 false）

! $a：非

比较运算符有：

$a == $b：相等

$a != $b：不等

$a < $b：小于

$a <= $b：小于等于

$a > $b：大于

$a >= $b：大于等于

与 C 语言一样 PHP 也有三重运算符（?:）。位操作符在 PHP 中同样存在。

（4）函数。以下面的形式定义函数。函数的返回值可以是任何数据类型。

```
function foo (变量 1, 变量 2,…,变量 n)
{
echo "Example function.\n";
return $retval;
}
```

所有 PHP 代码都可以出现在函数定义中，甚至包括对其他函数和类的定义。函数必须在引用之前定义。

（5）类。利用类模型建立类。可以参考 PHP 手册中对类的详细解释。

```
class Employee
{
    var $empno;                       // 员工人数
    var $empnm;                       // 员工姓名
function add_employee($in_num, $in_name)
  {
    $this->empno = $in_num;
    $this->empnm = $in_name;
  }
function show()
  {
    echo "$this->empno, $this->empnm";
    return;
  }
function changenm($in_name)
  {
    $this->empnm = $in_name;
  }
}
    $sbabu = new Employee;
    $sbabu->add_employee(10,"sbabu");
    $sbabu->changenm("babu");
    $sbabu->show();
```

五、网站运营分析

（1）基本理念：为消费者争取更多省钱的权力。

虽然无忧网的直接收益来自于商家 1 个或 2 个点的返利，但利润却是来自于消费者提交的订单，因此网站的发展方向一直是随着客户需求走的，虽然无忧网还致力于提供购物安全保障，最新的消费知识、消费体验，以及更简便的购物流程等服务，但是，为消费者省钱始终是第一位。

（2）论坛文化：无忧团购网的基础是篱笆论坛。

作为上海最具人气的网上社区，篱笆论坛已经成为无忧团购的核心竞争力。通过论坛这一媒介，使网站更加贴近消费者，以此来进一步地了解各个消费群的具体需求。

（3）为会员制定合适的消费规划：指导消费，帮助会员省钱。

从买房，装修，买家具、家电、结婚、生孩子，到买车，无忧网将这些相关性极强的消费连接起来。通过使客户不断进入下游的行业来反复利用客户资源。不需要投入成本就可以开发新的客户。

（4）成功模式：先论坛后业务。

通过论坛，获得会员的消费需求，通过在论坛的讨论，以及网站提供的专业咨询，确定与会员需求相适应的消费规划，最终获得会员的订单。

六、创新分析

无忧团购的成功，是建立在为广大客户提供“省钱”的服务和篱笆论坛的庞大人气的基础上的。它提供的消费指导已经渐渐被上海地区很多中低薪阶层所接受。而创新的拓展下游行业的经验模式和论坛化的经营方式，更是在不断积累并且保留庞大数量的消费群体的同时，又将这些群体引导向下游的消费行业。毫无疑问，这些创新为无忧团购网创造了巨大的价值。

七、总结评点

无忧团购网的创新经营理念是为广大客户提供“省钱”的服务。现有的5个站点，就上海而言，无忧团购网无疑是成功的。而上海站点的成功，无疑又是建立在篱笆论坛的庞大人气的基础上的。但是，国内的绝大多数地方，团购这种消费意识还没有深入到广大消费群众的消费理念中，也因此，在其他地方的成绩并不尽如人意。但是，无忧团购网在上海无疑是成功的，它所提供的消费指导已经渐渐被上海地区很多中低薪阶层所接受。而创新的拓展下游行业的经验模式和论坛化的经营方式，更是在不断积累并且保留庞大数量的消费群体的同时，又将这些群体引导向下游的消费行业。

八、知识与能力创新拓展

奥斯本设问法又称“检核表法”或“分项检查法”。它是根据需要解决的目标（或需要设计的对象），从多方面列出一系列的有关问题，然后一个一个地加以分析、讨论，从而确定出最好的设计方案。

在进行检核时，可根据需要，或一人检核，或多人检核，一般来说，3～7个人共同检核，既可以从检核表中产生出新的创造设想，还可以相互智力激励，产生出更多的新设想，这样，更有希望获得创造发明的成功。

下面以无忧团购网为例简单阐述一下奥斯本设问法的具体运用。

（1）根据消费者的需求，能否对篱笆论坛网进行改革？

“顾客是上帝”，这是每一个从商的人都必须时刻铭记在心的。篱笆论坛作为无忧团购网的核心竞争力，是无忧团购网生存和发展的基础。随着物质生活的丰富化和人们精神生活的多样化，追求个性化已经成为时代的主题。无忧团购网是以篱笆论坛起步的，事实证明先论坛后业务的经营模式是成功的。面对不同的消费者，不同的消费需求，能够对篱笆论坛进行有效地改革创新，使他更加贴近消费者的心，迎合消费者的个性化需求。篱笆论坛从始至终都在走“消费者路线”，一切以消费者的需求为中心，设置了买房装修、我要结婚、爱车一族、亲子育儿、时尚 LADY、老干部活动中心、交易区等板块。以“爱车一族”为例，爱车的人都可以走进论坛，对自己或别人的车评头论足，或者谈谈如何保养车子，如何省油，如何购买新车等，这个板块一方面能为想买车的人提供买车的咨询服务，另一方面也为有车的人提供养车的经验知识。网友们在切磋经验的同时，无形中形成了一种“情感流”，这赋予了篱笆论坛人性化的情感因素。人性化的设计是篱笆论坛改革的方向，日益旺盛的人气和与日俱增的团购会员用事实证明了这项改革措施是正确的。

（2）能否借鉴其他网站经营模式，并且巧妙地将其成功的因素运用到无忧团购网中？

电子商务网站之所以如雨后春笋般地涌现出来，除了便捷的购物渠道外，一个很重要的原因就是它所提供的商品比现实商场中的同款商品要便宜得多，大多数电子商务网站都是以“物美价廉”作为宣传的招牌，低价是电子商务网站吸引消费者的主要方法。无忧团购网作为国内第一家商业化团购网站，是电子商务网站的一个突破，也是一个创新，它通过对其他电子商务网站的仔细研究，了解到只有以低廉的价格和周到的服务才能吸引消费者的惠顾。所以无忧团购网以“为消费者争取更多省钱的权力”为基本理念，通过团购这种方式和商家协商，真正为消费者省钱，诚心为消费者服务。

（3）能否在借鉴的基础上创新？

一般的电子商务网站都是以追求业务量为主要模式的，论坛只是作为一种辅助手段为买卖双方提供沟通的渠道。而无忧团购网是先论坛后业务，这是它的独特之处，也是它取得成功的关键。无忧团购网利用篱笆论坛来汇聚人气，同时通过巧妙的人性化设计板块为消费者提供贴心的服务。所以无忧团购网的成功是建立在为广大客户提供“省钱”的服务和篱笆论坛的庞大人气的基础上的。

（4）能否拓展一下电子商务网站的领域来创新？

在无忧团购网还未出现之前，电子商务网站的模式主要有三种：B2B、B2C 和 C2C，买家一般是个体或某个单位，换言之，是一对一的交易方式。无忧团购网打破这种单一的交易方式，率先提出了“团购”的新概念，“团购”顾名思义就是团体购买，买家不再是单一的个体，而是由一定个体组成的一个团队。这个史无前例的创新为它的竞争力加了很多分，也使它在激烈的电子商务网站的竞争中能始终保持领先的位置。

（5）能否重新设计网站板块？

无忧团购网在网站板块的设计上也是很有特色的，包括首页、设计施工、快乐装修、家具电器、我要结婚、学车驾车、篱笆论坛、月刊等。篱笆论坛是无忧团购网的特色之最，也是它取得成功的关键因素。“我要结婚”板块和“学车驾车”板块在一般电子商务网站上也不多见。现在在电视或报纸上经常看到集体结婚的例子，几对甚至几十对新人选择在同一时间同一地点同一方式结婚，一方面集体结婚场面更加热闹，另一方面也可以减少一部分开支，这与无忧团购网的“团购”理念是一致的。想学车的人也可以通过无忧团购网报名一起参加培训，非常经济实惠。

（6）能否在网站设计上优胜于其他同类电子商务网站？

无忧团购网没有华丽的外表，也没有繁杂的内容，版面清晰自然，在板块上注重人性化设计，使消费者能够买得放心、用得舒心，感觉更加贴心，成为了名副其实的“无忧”团购网。无忧团购网以篱笆论坛为信息交流平台，用户通过无忧团购卡付款，卡上记录了用户的姓名、地点、联系电话和预先存入的资金。消费者可以直接到商家现场购买，也可以叫商家送货上门。团购网在交易值较大的情况下，优势显得格外突出。例如，买同一个新房，如果个人去买，商家只会按照实际价格出售，不会有太大的优惠，但如果通过团购网组成团队去买，商家一定不会失去赚钱的大好机会，面对这么多的客户，一定以“薄利多销”的态度出售。无须过多的手续，也无须大费周章讨价还价，无形中就得到了实惠，非常划算。

（7）能否在原有的基础上扩大团购网的规模？

无忧团购网起初只涉及装修、家具、电器、婚庆、汽车等行业，后来随着人们团购意识的增强，要求团购的需求量逐渐增多，无忧团购网在顺应消费者需求的同时，不断扩大商业规模，不仅提供消费指导和交易服务，而且还逐步扩展到了房产、育婴等其他家庭消费相关领域。无忧团购网的人气在一天天膨胀，它的规模也在一天天壮大，人们从团购中得到了实惠，介绍亲朋好友加入团购族，一起分享团购的乐趣。

通过奥斯本设问法在无忧团购网中的运用，可以深刻地体会到它确实是一种行之有效的创新方法，它能帮助人们突破原有的观念，挣脱旧框架的桎梏，引导人们从各个方面去设想，使人们进入新的创造领域。

运用奥斯本设问法解决实际问题时，要时刻注意 3 条：①检核时要一条一条顺序进行，切不可有遗漏。例如，定位网站功能模块，无忧团购网从 3 个方面逐一进行。首先是信息流，网站的主要功能就是传递信息，如果没有丰富的、最新的、大量的信息，网站就失去了它原有的作用；其次是资金流，无忧团购网作为一种电子商务网站，它的最终目的是为了盈利，处理好资金流通渠道是保证交易顺利进行的前提；最后是物流，物流是网上交易的最后一步，也是很重要的一步，货物能否安全、完好无损地送达到顾客的手里，是电子商务网站树立公众形象和获取消费者信任的主要途径。一次完整的成功交易不仅代表一次交易的结束，而是预示着下一次、下下次的长期合作。②反复检核几遍，就像读书一样，每读一次，都会有不同的感受。同样通过多次检核，或许更能准确地选择哪些地方还需要进一步完善，哪些可以进行创造发明。例如，对于网站的设计模式，无忧团购网进行了反复地推敲和斟酌，最后决定打破常规，走先论坛后业务的道路，从而走出了一条光明的创新之路。③在检核每项内容时，要尽可能地发挥自己的想象力和创造力。例如，针对家庭消费，无忧团购网设置了相应的板块，如设计施工、快乐装修、家具电器、我要结婚、学车驾车、育婴等，提供的商品贴近人们的生活，符合人们的消费需求。

作业与设计

（1）根据实际情况，谈谈你身边的团购事例（2～3 件）。

（2）你觉得团购这一消费理念如何才能深入人心？

（3）假设你要设计一个团购网站，请描述该网站的服务对象（消费群体）和服务种类（团购的商品类），为什么选择该服务对象和服务种类？

（4）你将如何去推广这个网站，采取何种措施去提高网站的人气和访问量？

（5）采用奥斯本设问法，对该网站的设计进行简单分析，套用“检核表法”的 9 组问题，选取 5～6 组问题进行分析，优化团购网站的设计方案。

第 5 章　亚马逊网站

一、网站介绍

亚马逊网上书店（如图 5.1 所示）成立于 1995 年，是全球电子商务的成功代表。在亚马逊网站上读者可以买到近 150 万种英文图书、音乐和影视节目。自 1999 年开始，亚马逊网站开始扩大销售的产品门类。现在除图书和音像影视产品外，亚马逊网站也同时在网上销售服装、礼品、儿童玩具、家用电器等 20 多个门类的商品。亚马逊网站在全球有多个站点，如加拿大、英国、德国、中国、日本、法国等，其中中国的卓越网即为亚马逊网站的旗下公司。

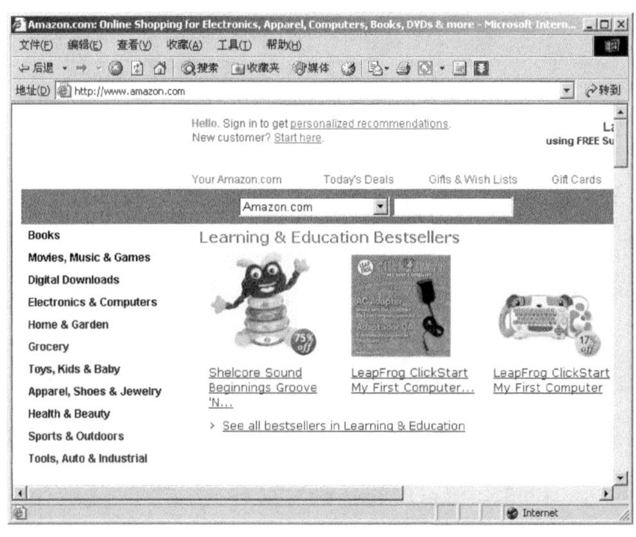

图 5.1　亚马逊网上书店首页

注：以上资料来源于 http://www.amazon.cn/，其相应文字图片，网站的商品及服务商标和商号，为各自权利人所有，这些资料只限用于个人学习研究使用。

二、网站功能模块

亚马逊网站是 B2C 类型的电子商务网站，在国内只能通过该网站买东西，而不能卖东西。亚马逊网站采用模块化信息组织方式，在主页上展示网站所包括的全部内容，网站所提供的服务按访问对象分类，能够根据内容的不同调整所显示的信息。网站有商品搜索和分类导航两大功能，人性化的分类搜索功能，一目了然的分类导航使得消费者可以更加轻松简便地在网站上选择自己喜欢的商品。

三、网站操作流程

1. 注册和登录

第一步：输入电子邮箱地址（建议使用 hotmail、yahoo 等国际电子邮箱），如图 5.2 所示。

第二步：输入密码。

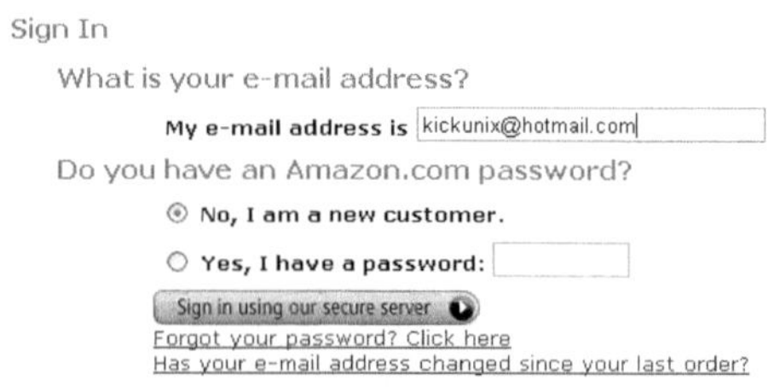

图 5.2　注册用户输入邮件地址

在成功注册以后会以该账户登录亚马逊网站，如图 5.3 所示。

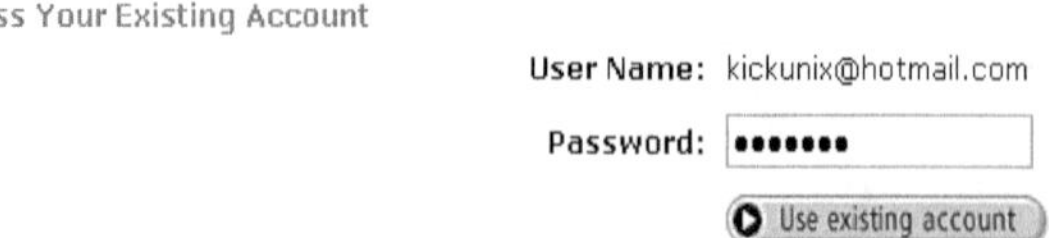

图 5.3　登录亚马逊网站

2. 购物

（1）在找到所需商品以后，单击 Buy now and get FREE Two-Day Shipping 按钮开始购买，如图 5.4 所示。

图 5.4　开始购买

（2）当单击购买按钮后，系统会提示要求再次输入密码，先选择“Yes，I have a password”，然后在后面输入密码，继续单击 Sign in using our Secure Server 按钮，如图 5.5 所示，进行下一步。

Do you have an Amazon.com password?

No, I am a new customer.

Yes, I have a password:

Sign in using our secure server

Forgot your password? Click here

图 5.5　输入密码

（3）填写收件人详细地址，如图 5.6 所示。

Enter a new shipping address.
When finished, click the "Continue" button.

Full Name: dengkai
Address Line1: the 5th of gehu road of changzhou city of jiangsu province
Street address, P.O. box, company name, c/o
Address Line2: department of information technology of cztgi
Apartment, suite, unit, building, floor, etc.
City: changzhou
State/Province/Region: jiangsu
ZIP/Postal Code: 213164
Country: China
Phone Number: 86-0519-6336533
Continue

图 5.6　收件人详细地址填写界面

（4）选择送货方式，如图 5.7 所示。

Shipping Details (Learn more)

Choose a shipping speed:
Standard International Shipping
Expedited International Shipping
Priority International Courier

图 5.7　送货方式选择界面

（5）选择支付方式，如图 5.8 所示。亚马逊网站支持 6 种国际支付方式，输入卡号和持卡人姓名，并且选择终止交易的日期。

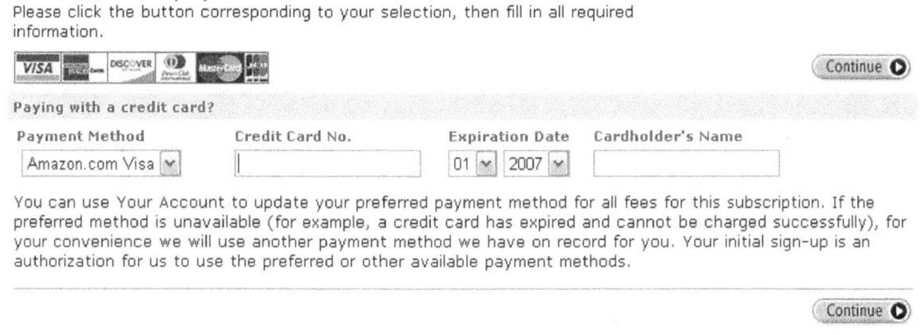

图 5.8　支付方式选择界面

四、网站设计分析

1. 总体设计分析

网站的网页设计方面，以 VBScript 脚本语言构建网页的主要结构和基本功能，用 JavaScript 脚本语言实现网页中的动态效果。用 XML 技术实现网站登录和注册的功能。在网站的程序实现方面，大量运用了 CSS 技术，以缩减程序的容量。使程序结构更加清晰简洁，并且缩短了打开网页的响应时间。

亚马逊网站的结构类似于国内的卓越网站（由于卓越网是亚马逊网站的中国站点，很多结构和设计都来源于亚马逊网站，因此两者比较，卓越网更像是亚马逊网站的汉化版），整体结构十分简单，除了一些商品的实物图片外，没有其他花哨的图片和背景，给人感觉比较清爽。网站的上面和左面都是导航条，中间是主要类别的导航，右边是热卖，促销及一些有关于网站的信息发布。亚马逊网实现了购物网站的强大功能，内容充实，商品繁多，基本上能满足广大购物者的需要。

2. 栏目设计分析

（1）栏目的设置随商品和消费者心理变化而变化，并不是一成不变的。

（2）栏目结构交错但简洁有序：有包含也有被包含的关系，并不是只有包含或完全独立。商品信息交叉重复但表达不同，方便了各层次的有相同需求但消费侧重点或目的不同的消费者，扩大了消费群体。

（3）栏目有特色。每个栏目没有特定的栏目名称，而是根据内容的不断变化而相应的作出变化。每个栏目都会出现一句类似广告的语句来吸引顾客去点击该栏目。

3. 技术分析

CSS 是 Cascading Style Sheet 的缩写，译作“层叠样式表单”，是用于（增强）控制网页样式并且允许将样式信息与网页内容分离的一种标记性语言。

一个样式表由样式规则组成，以告诉浏览器怎样去呈现一个文档。有很多将样式规则加入到 HTML 文档中的方法，但最简单的启动方法是使用 HTML 的 STYLE 组件。这个元素放置于文档的 HEAD 部分，包含网页的样式规则。

每个规则的组成包括一个选择符（通常是一个 HTML 的元素，例如 BODY、P 或 EM）和该选择符所接受的样式。

有很多的属性可以用于定义一个元素。每个属性带一个值，共同地描述选择符应该如何呈现。

样式规则组成如下：

```
选择符 { 属性: 值 }
```

单一选择符的复合样式声明应该用分号隔开：

```
选择符 { 属性1: 值1; 属性2: 值2 }
```

以下是一段定义了 H1 和 H2 元素的颜色和字体大小属性的代码。

```
<HEAD>
<TITLE>CSS 例子</TITLE>
<STYLE TYPE="text/css">
H1 { font-size: x-large; color: red }
H2 { font-size: large; color: blue }
</STYLE>
</HEAD>
```

上述的样式表告诉浏览器用加大、红色字体去显示一级标题，用大、蓝色字体去显示二级标题。CSS 规格正式地定义了所有的有效属性和值。属性和值在本网站的 CSS 属性部分也给出了。

五、网站运营分析

亚马逊网站从早期的精品模式到现在的百货路线，一直在探索合适的 B2C 发展模式。早期的亚马逊网站走精品模式，无疑是非常成功的。精品模式使得亚马逊网站从众多的 B2C 公司中脱颖而出，并且迅速成为 B2C 这一领域中的巨头。随着精品模式的巨大成功，亚马逊网站的发展渐渐进入瓶颈阶段，亚马逊网站迫切需要开拓新的市场。因此，亚马逊网站又把目光放到了利润更加巨大的百货领域。巨大的利润伴随的是巨大的风险，与精品模式的图书音像制品不同，百货需要更加庞大的仓库存储，以及更多样化的送货途径。但是这种风险无疑是值得去承担的。从亚马逊网站开始发展百货模式以来，亚马逊的总资产如同滚雪球般地迅速积累起来，而现今亚马逊网站的市值已经达到 111 亿美元。

目前亚马逊网站已经并购了多家同一领域的企业，并且在全球设立了 7 个站点，服务范围遍布全球。亚马逊已经慢慢地将自己的定位从一个零售商提升为一个购物服务公司。从成立到之后的很长一段时间，亚马逊网站一直处于亏损的营业状态，但是亚马逊网站的市值却是在不断增大。可以说，目前亚马逊网站关心的只是客户的数量，而不是盈利，当亚马逊网站积累的客户群达到一定数量的时候，同时其销售收入又能偿付初期投入的营销及技术开发费用，而且这项技术使劳动力成本下降并且产生效益时，亚马逊网站将是前途无量的。

六、创新分析

（1）Web 网页的迅速蹿红，亚马逊网站创始人 Effrey Bezos 看到了在线商场的广阔发展前景。Bezos 当时提出了 20 种他认为适合于虚拟市场销售的商品，包括图书、音乐制品、杂志、PC 硬件、PC 软件等。最后，在图书和音乐制品中，他选择了图书，并且最终创立了亚马逊在线图书网站——Amazon.com。与有形的书店相比，网上书店无疑占据了很多优势：亚马逊网站只需要较低的存货成本。平均而言，有形书店需要保存 4 个月的图书存货，而亚马逊网站可以只保持 15 天的库存量。所以亚马逊网站资金的周转速度是有形书店的 8 倍。而且亚马逊网站能够收到用信用卡支付的即时付款，这笔无息资金能供它用上一个月左右。

（2）跟踪用户操作：记录用户每个操作记录，这些记录对于用户行为的研究是很有帮助的。因此即使这个工作不在前台显示，也应该在后台有所统计。而根据这些统计对用户行为进行研究后，对整个网站程序进行调整，不断优化网站系统，使用户操作更加符合用户行为。亚马逊网站的这一举措充分发挥了自己的技术优势，将自己放在一个有利的竞争位置。

七、总结评点

作为全球最大的 B2C 网站，亚马逊网站缔造了一个电子商务领域的奇迹。从创立至今，亚马逊网站通过不断地进行技术革新，保持了在同行业中的技术优势，并且随着公司的经验模式慢慢从精品模式向百货路线转变，亚马逊公司的规模得到了不断的扩张，而且通过逐年的累积，已经拥有了庞大数量的客户群。在取得成功的同时，亚马逊网站也面临着一些困难。虽然百货路线大大提高了销售额，但还是面临着创收不创利的尴尬局面。亚马逊网站的急速扩张，引起了同领域企业的危机意识，采取联合对抗的策略，通过价格战来拉低亚马逊网站的理论空间。

虽然亚马逊网站面临着很多困难，但庞大数量的客户群决定了亚马逊网站一旦通过了这些困境的考验，则将得到更进一步的发展，成为继 Google、Yahoo 后的又一个企业神话。

八、知识与能力创新拓展

联想法是依据人的心理联想而发明的一种创新方法。联想，即联接想象，就是由一事物想到另一事物的心理现象。这种心理现象不仅在人的心理活动中占据重要地位，而且在回忆、推理、创新的过程中也起着十分重要的作用。

亚马逊网站作为全球最大的 B2C 网站，缔造了一个电子商务领域的奇迹。亚马逊网站遍布全球，在加拿大、英国、德国、中国、日本、法国等都设立站点，中国的卓越网就是亚马逊的旗下公司，是亚马逊网站的汉化版。卓越网的技术指导力量、网站建设、经营模式都来自于亚马逊网站。唯一的不同是在卓越网上你可以既是买家，也可以成为卖家；而在亚马逊网站上你只能是买家，只能买东西，不能卖东西。亚马逊的成功在于不断地创新，联想法作为创新的一种方法，在亚马逊网站的建设、推广、经营和发展中的作用发挥得淋漓尽致。下面就简单阐述一下联想法在亚马逊网站中的运用。

联想具有很强的弹性，它可以在特定的对象中进行，例如看到飞鸟想到飞机，看到卓越网联想到亚马逊网站；也可在特定的空间中进行，例如牛顿由苹果落地想到万有引力，由中国的卓越网联想到其他国家的亚马逊网站；还可以进行无限的自由联想，例如走在泥泞的小路上想到生活的坎坷，想到跋涉人生之路的艰辛。以亚马逊网站为基点，联想到目前所有电子商务网站的整体发展形势，预示未来电子商务网站的发展方向和趋势。无论是在哪种情形下进行联想，都能产生创新设想，发扬创新精神，坚持创新活动，就会获得创新成功。

针对不同的对象、不同的情形、不同的境遇，采用的联想方法也不同。按照联想的性质可将联想法划分为 5 类：接近联想、对比联想、相似联想、自由联想和强制联想。

1. 接近联想

发明者以时间和空间为基点联想到比较接近的事物，从而设计新的发明项目。例如，当电子商务还是个陌生的概念时，人们之间主要还是以面对面的交易为主。但随着信息技术的发展和全球经济一体化的趋势，面面交易受到时间和空间的约束越来越大，损失也随之扩大。人们迫切希望能出现一种快捷方便，不受时空限制的交易方式。于是电子商务呼之欲出，亚马逊网站作为电子商务网站的元老级代表，正是为了解决交易受时空限制的困难而联想到利用计算机网络技术开展网上贸易，建立电子商务网站。接近联想在日常生活、艺术创作、科学研究等领域被运用得相当广泛。日常生活中，以前相隔两地的人只能通过写信或捎口信来联系，而现在随着网络的盛行，出现了视频会议、视频聊天、空中会议等，为人们之间的沟通架设了一座桥梁，现代社会沟通已经无极限了。艺术创作中，网络上的很多电子小说、网络用语、网络歌曲都是运用接近联想的杰作，特别是优秀的电子小说情节震撼人心，文字流畅，节节相扣，使人身临其境，如痴如醉。科学研究中，科学家把自己的科研成果发布到网站上，使全世界的科研工作者都能共享资源，为科学研究的顺利进行奠定基础。

2. 对比联想

由某一事物的感知和回忆触发跟它具有相反特点的事物的感知和回忆，从而设计出新的发明项目。例如：黑与白；大与小；水与火；黑暗与光明；温暖与寒冷；沙漠与森林；忆苦与思甜；网上书店与有形书店；精品模式与百货模式。每对既有共性，又具有个性。对比联想具有背逆性和挑战性。

对比联想又可分为下列几种。

（1）性质属性对比联想。例如，亚马逊网站是B2C类型的电子商务网站，它是为企业和客户交易服务的。而淘宝网是C2C类型的网站，它是为买家和卖家个人交易服务的。两者在类型上有着明显的区别。C2C是在B2C的基础上发展起来的，在性质上都属于电子商务网站，属于性质属性对比联想。

（2）优缺点对比联想。世上没有十全十美的东西，发明者在发明设计时，既要看到优点和长处，又要考虑到缺点和短处，反之亦然。在电子商务还未盛行时，人们买书主要还是去书店，但由于书店本身条件的限制，在书的存储量和种类上往往不能满足人们的需求。有时为了买一本书要跑很多家书店，甚至跑遍了所有的书店也买不到想要的书。自从电子商务网站建立起来后，网上书店成了人们买书的新途径。网上书店里的书品种齐全，世界各地的书都能查到，而且成本低，因此售价也比现实中的书店便宜得多。有了网上书店，人们不用再愁买不到想要的书了，也不用为了买一本书跑书店了。当然，网上书店也有缺点，有时网上虽然公布有这本书，但实际库存却没有了，特别是支付问题，有不法分子钻空子，利用网络来骗取钱财。而有形书店就没有这样的问题，一手交钱，一手交货，款出货到。随着网络法规的完善和电子商务网站安全意识的提高，这个问题会逐步解决。

（3）结构对比联想。从空间考虑，前后、左右、上下、大小的结构，颠倒着进行联想。例如，计算机问世时是一个庞然大物，搬不动也挪不动，于是人们从结构上对它进行了大改造，产生了台式计算机。台式计算机在体形上相当于一台中型电视机，相对而言确实有了很大的改进。但台式计算机比较笨重，携带不方便，人们希望能将计算机带在身边，需要时随时随地都能拿出来使用。商家抓住了消费者的心理，又对台式计算机进行“大手术”，产生了手提计算机。手提计算机不仅携带方便，而且还能无线上网，使用相当方便。后来又出现了掌上计算机，体积更小了，功能却更强大了。

（4）物态对比联想。即看到从一种状态变为另一种状态时，联想与之相反的变化。例如，现在网上的广告类型是越来越多，设计得也越来越巧妙。有一则反应人内心心理变化的广告：开心时犹如蓝天白云，晴空万里；伤心时犹如细雨绵绵，剪不断理还乱；悲痛时犹如大雪纷飞，天寒地冻。人的内心世界犹如天气一样，捉摸不定，时刻都会发生变化。

3. 相似联想

这是对相似事物的联想，又可称类似联想。相似联想是以相同之中有不同，不同之中有相同为基础的。例如，亚马逊网站在全球各地都有自己的分站点，由于受当地风俗文化和消费观念的影响，每个站点都存在着或多或少的不同，但它们都属于亚马逊网站设立的分站点，所以在整体结构、设计思想和经营模式上大致是相同的。中国站点和英国站点最大的不同可能就是网站文字，中国站点——卓越网用的是汉字，而英国站点用的是英文，这样首先为消费者消除了了解网站内容的困难，这项设计亚马逊网站做得很到位，很合理，也很周到，这也成为它打开不同国家电子商务市场的敲门砖。

4. 自由联想

这是一种无拘无束的心理活动。这种联想成功的概率比较低，虽然能产生许多奇思妙想，但往往难以成功，当然有时也会收到意想不到的创新效果。例如，亚马逊网站起初只是一个网上书店，虽然赢得了不少的顾客，但还是满足不了顾客的个性化需求。随着生活节奏的加快，人们更希望在购物上不用花费过多的时间，打开一个电子商务网站就能买到所有想买的商品，而不用到各个不同的电子商务网站上寻找。亚马逊针对这种情况，当机立断改走百货路线，包括图书、影视、音乐、家庭用品等。销售量直线上升，利润丰厚。

5. 强制联想

强制联想是与自由联想相对而言的，是对事物有限制的联想。这限制包括同义、反义、部分和整体等规则。一般的创新活动，都鼓励自由联想，这样可以引起联想的连锁反应，容易产生大量的创新设想。但是，具体要解决某一个问题，有目的地去发展某种产品，也可采用强制联想，让人们集中全部精力，在一定的控制范围内去进行联想，也能有所发明和创新。亚马逊网站刚开始实施的是精品模式，精品模式在起初是成功的，为亚马逊网站获得了很大的利润，汇聚了大量的人气。但随着各种电子商务网站的出现和人们消费需求的增多，精品模式反而成了亚马逊网站继续发展的瓶颈。为了打破僵局，开创一条新的发展道路，亚马逊网站选择了百货模式，将定位从一个零售商提升为一个购物服务公司。亚马逊网站当机立断改变经营模式解除困境的案例折射出一个道理：当你处在困境中时，运用强制联想会产生意想不到的效果，或许能帮助你从困境中走出来。

联想的方法是很多的，除了以上几种联想方式外，还可以从对象的因果联系上去进行联想，例如：亚马逊网站的栏目没有特定的名称，并且每个栏目都会出现一句类似广告的语句来吸引顾客去点击该栏目。之所以这样，一方面是为了招揽更多的顾客，根据顾客的需求和消费心理适时地改变栏目；另一方面也为了使网站时刻更新，给人以耳目一新的感觉。也可依据事物的同类原则去进行联想，例如：虽然目前不同名字的电子商务很多，但如果仔细分析一下，无外乎 3 种形式：B2B、B2C、C2C。它们的本质都是网上商场，为顾客提供网上购物，只是采取的宣传手段、经营模式、网站技术有所差异。还可以从事物之间相关特性去进行联想，例如：有形商店和网上商场都是为了给消费者提供购物场所，既然是一种交易，其中必然都有买家和卖家两个主体。不同的是网上商场既可以担任卖家的角色，也可以担当中介者，它的角色更加复杂多样化。

各种各样的联想方法都可以产生创新设想，获得创新成功。问题的关键不在于运用哪种联想方法，而在于：要解决什么问题？要进行什么创造？要达到怎样的目的？

作业与设计

参考上述对卓越网的分析和创新技法的运用，完成以下设计 B2C 电子商务网站的设计要求和步骤。

（1）浏览亚马逊网站，并且熟悉一下网站在注册和购物流程上的具体操作。

（2）结合第 1 章对卓越网的分析，谈谈卓越网与亚马逊网在设计和经营上的相同和不同之处。

（3）学习 CSS 的相关知识，打开亚马逊网站的主页，右键单击“查看源文件”命令，任取一段 CSS 代码段，描述该代码段的功能。

第 6 章　起点中文网

一、网站介绍

起点中文网创立于 2002 年，一直专心致力于原创文学互动写作平台的建设工作。发展至今，已经拥有 400 余万的注册用户，超过 30 000 名原创作者和 60 000 余本原创小说，发表文学作品的总字数超过 20 亿字，其中包括玄幻、奇幻、武侠、仙侠、都市、言情、历史、军事、游戏、竞技、科幻、灵异等众多类型，真正成为 Web 2.0 时代 P2P 原创文学创作和阅读的基地，也为动漫改编、影视改编、游戏改编等提供了丰富的素材资源。目前，起点中文网是中国国内用户数量最大、收藏最全面、受关注程度最高，同时也是最有影响力的文学类站点。除了刊载大量的免费文学作品外，还拥有千部以上签约作品数量，及众多的付费用户，网罗了整个付费阅读领域最具有活力和影响力的作者。2006 年 11 月，起点中文网的日浏览量突破 1 亿，这相当于主流门户网站的浏览量创造了 Web 2.0 时代的奇迹。

起点中文网中的小说内容可分为 2 个部分，即公众章节和 VIP 章节。其中公众章节约占整部小说的 1/3，这些内容又称为免费章节，直接可以点击阅读。而 VIP 章节又称为收费章节，按每千字 2 分钱对用户进行收费。

用户在注册成为起点用户后，即可浏览站内数万部原创小说。但仅限于公众章节部分。如果需要阅读后面的内容，则需要对账户进行充值，将起点账户升级为 VIP 账户，这样即可阅读后面的 VIP 章节。

二、网站功能模块

起点中文网（如图 6.1 所示）是一个典型的微支付电子商务模式网站。用户每次支付的费用都在 1 角左右，即使一次性订阅一本书的所有 VIP 章节，也只需要花费几块钱。

起点中文网的网站布局清晰。网页左边部分是各个推荐栏，有强力推荐小说、三江阁小说、女生频道小说推荐、起点 VIP 作品推荐、作品专辑推荐、新书入库等。其中三江阁和女生频道是起点中文网的特色内容。尤其是女生频道，更是吸引了广大女性读者来起点阅读。网页的右边部分是各个书籍排行榜，有周书友点击榜、周书友推荐榜、VIP 新作月票排行、新书周潜力榜等。通过网页两边的推荐栏和排行榜，读者可以更加方便地找到自己所中意的作品。

网页的中间部分又可以分为上下两大部分，分别是分类推荐栏和最新更新栏。前者按起点网小说的 6 大类型列出众多具有较高人气的小说，而每类小说选出一本最具人气的，展示该小说实体书籍的彩色封面。后者动态地列出所有小说的最新更新章节，包括公众章节和 VIP 章节的最新更新。

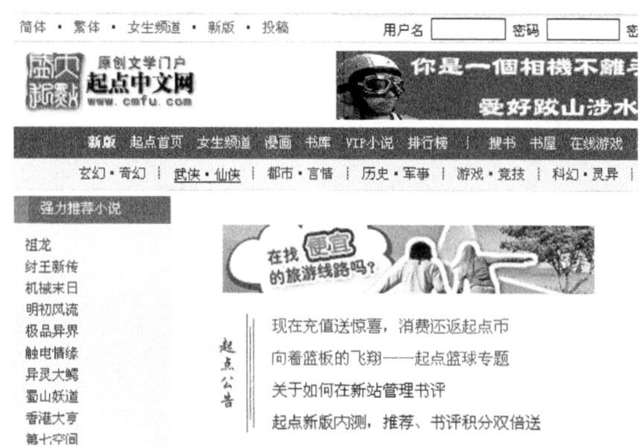

图 6.1　起点中文网首页

注：以上资料来源于 http://www.cmfu.com/，其相应文字图片，网站的商品及服务商标和商号，为各自权利人所有，这些资料只限用于个人学习研究使用。

三、网站操作流程

1. 注册

在图 6.2 中输入相关的注册信息。

1. 用户注册　2. 新手导航

以下信息为必填项　(当您遗失密码的时候，可通过基本资料来设置、启用新的密码，请认真填写。)

用户名：dengkai　用户名已存在，请重新选择用户名

输入密码：●●●●●●　密码可以使用

重复密码：●●●●●●　密码可以使用

电子邮件：kindnet@163.com　邮件地址可以使用。

性别：男　女　请输入您的性别

验证码：5642　5642 点图片刷新

点击填写更多内容（点击展开的内容为选填项，填写更多资料，可以使我们更好的为您服务）

图 6.2　用户注册信息

2. 升级为 VIP 用户

单击图 6.3 中“升级为 vip”按钮。

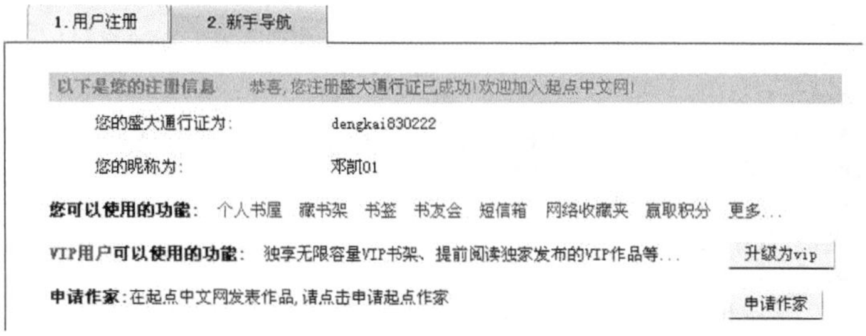

1. 用户注册　2. 新手导航

以下是您的注册信息　恭喜，您注册盛大通行证已成功！欢迎加入起点中文网！

您的盛大通行证为：dengkai830222

您的昵称为：邓凯01

您可以使用的功能：个人书屋　藏书架　书签　书友会　短信箱　网络收藏夹　赢取积分　更多...

VIP用户可以使用的功能：独享无限容量VIP书架、提前阅读独家发布的VIP作品等...　升级为vip

申请作家：在起点中文网发表作品，请点击申请起点作家　申请作家

图 6.3　新手导航图

3. 选择 VIP 类型（图 6.4）

分为初级 VIP 和高级 VIP 用户。初级 VIP 充值金额全部转换成起点币，无收藏书架功能。高级 VIP 用户需要支付 30 元会员费，可享受收藏书架功能。

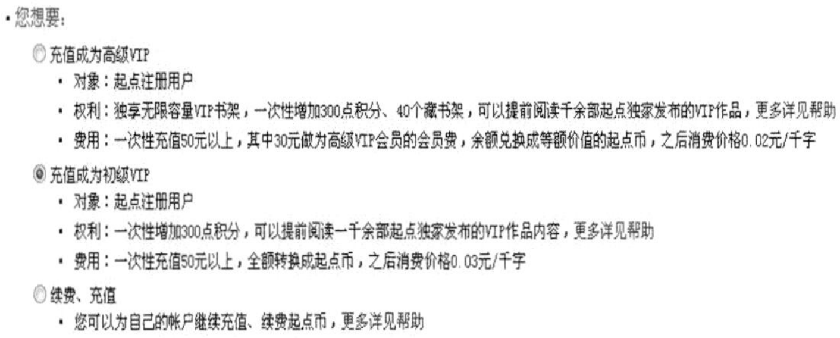
• 您想要：
充值成为高级VIP
• 对象：起点注册用户
• 权利：独享无限容量VIP书架，一次性增加300点积分、40个藏书架，可以提前阅读千余部起点独家发布的VIP作品，更多详见帮助
• 费用：一次性充值50元以上，其中30元做为高级VIP会员的会员费，余额兑换成等额价值的起点币，之后消费价格0.02元/千字
充值成为初级VIP
• 对象：起点注册用户
• 权利：一次性增加300点积分，可以提前阅读一千余部起点独家发布的VIP作品内容，更多详见帮助
• 费用：一次性充值50元以上，全额转换成起点币，之后消费价格0.03元/千字
续费、充值
• 您可以为自己的帐户继续充值、续费起点币，更多详见帮助

图 6.4　选择 VIP 类型界面

4. 选择支付方式

选择付费方式，如图 6.5 所示。除了普遍的网上付费方式外，还可以使用盛大网络的游戏点卡对起点中文网的账户进行充值。

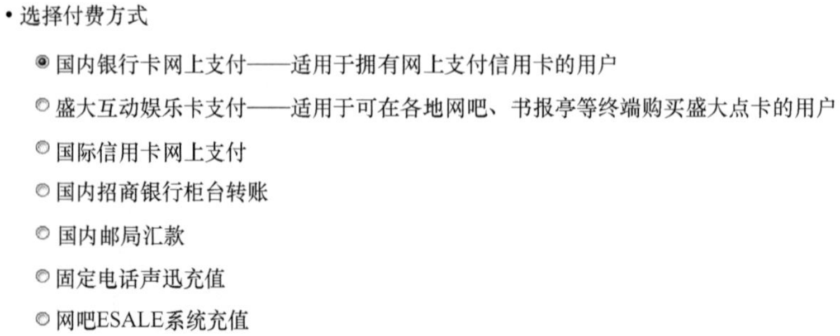
• 选择付费方式
国内银行卡网上支付——适用于拥有网上支付信用卡的用户
盛大互动娱乐卡支付——适用于可在各地网吧、书报亭等终端购买盛大点卡的用户
国际信用卡网上支付
国内招商银行柜台转账
国内邮局汇款
固定电话声迅充值
网吧ESALE系统充值

图 6.5　付费方式选择界面

5. 输入充值信息

如图 6.6 所示，在其中填入在线支付直接充值的相关信息。

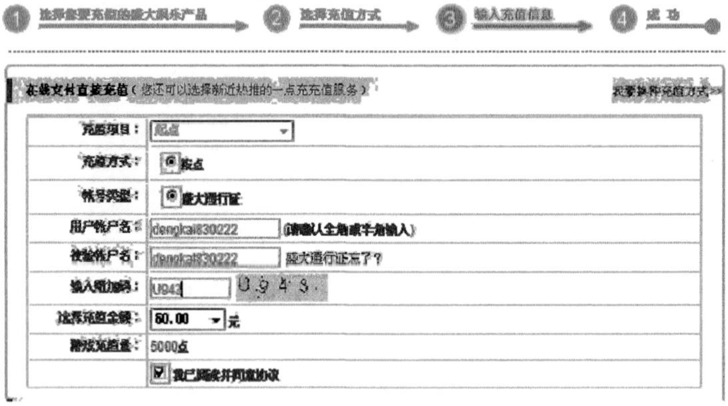
输入充值信息
成 功
在线支付直接充值（您还可以选择新近热推的一点充充值服务）
用户帐户名：
dengkai830222
盛大通行证忘了？
80.00
元
5000点

图 6.6　输入充值信息

6. 确认订单信息

如图 6.7 所示，订单下好后出现如下的界面。

订单确认

您还没有登录或登录已超时，登录后可享受最低8.9折折扣！	
请确认您的订单内容正确无误	
您的订单号：	4207041917156241
产品：	起点
产品金额：	50.00元
实际支付金额：	50.00元
对应游戏时间：	5000点
充值方式：	按点充值
充值项目：	起点
登录帐户：	dengkai830222
游戏区域：	起点

图 6.7　确认订单信息

7. 选择支付银行并填写个人信息

如图 6.8 所示，选择有关银行信息，通过网络进行支付。

选择银行

请选择银行：	请选择	银行网上支付功能开通帮助！ >>>
银行卡类型	覆盖地区	您所在的区域必须在覆盖地区范围内方可成功支付

个人信息

姓名：		身份证：	
省份：		城市：	
电子邮件：		手机：	
邮政编码：		地址：	

图 6.8　选择支付银行并且填写个人信息

8. 完成

当阅读完公众章节后，如果要继续阅读 VIP 章节，则可点击订阅 VIP 章节，如图 6.9 所示。

图 6.9　订阅 VIP 章节

然后选择想要阅读的章节，进行订阅。订阅后，即可在起点的专用阅读器上进行阅读，如图 6.10 所示。

选择全部未订阅的章节　订阅作品　查看其他VIP作品　更新提醒

请注意：在订阅前先看一下公众版最后的章节，不要订阅已发布公众版的VIP章节

欢迎您:love&lover　您现在还不是VIP会员，可以先到 支付中心 进行充值升级。

选择订阅	本书现有VIP会员版章节	发布时间	章节字数	高级VIP订阅点数	初级VIP订阅点数
☑	第六百零一章 互观底牌	2007-4-18 00:10	9275	18点起点币	27点起点币
☑	第六百章 能量武器的春天	2007-4-17 00:21	3319	6点起点币	9点起点币

图 6.10　选择订阅

四、网站设计分析

1. 总体设计分析

起点中文网是基于 ASP 技术建设的网站。网站网页的颜色比较柔和，背景为白色，小说名称为绿色，小说类型以红色字体标出，而对小说的介绍则以黑色为主。在阅读小说章节时，网页颜色以贴近的暖色调为主，黑色字体配上浅蓝色的背景，可以大大缓解读者因长期面对计算机而使眼睛产生疲劳的现象。

2. 栏目设计分析

起点中文网的网站布局清晰，网页左边部分是各个推荐栏，具体栏目分析可见本章的第二部分网站功能模块。

3. 技术分析

该网站是基于 ASP 技术建设的网站，ASP 是将 VBScript 的有关代码嵌入在 HTML 页面中来实现动态页面的一种网站开发技术。VBScript 的有关知识在前面的有关章节已经进行了介绍，这里就不再介绍，下面通过有关代码对 ASP 的有关数据库的操作进行一个入门级的介绍。

（1）数据库连接（用来单独编制连接文件 conn.asp）。

```
<%
Set conn = Server.CreateObject("ADODB.Connection")
conn.Open "DRIVER={Microsoft Access Driver (*.mdb)}; DBQ=" & Server.MapPath("\bbs\db1\user.mdb")
%>
```

用来连接 bbs\db1\目录下的 user.mdb 数据库。

（2）显示数据库记录。

原理：将数据库中的记录一一显示到客户端浏览器，依次读出数据库中的每一条记录。

如果是从头到尾，用循环并且判断指针是否到末尾，使用：not rs.eof 。如果是从尾到头，用循环并且判断指针是否到开始，使用：not rs.bof。

```
<!--#include file=conn.asp--> (包含conn.asp用来打开bbs\db1\目录下的user.mdb数据库)
<%
set rs=server.CreateObject("adodb.recordset") (建立 recordset 对象)
sqlstr="select * from message" ---->(message 为数据库中的一个数据表，即你要显示的数据所存放的数据表)
rs.open sqlstr,conn,1,3 ---->(表示打开数据库的方式)
rs.movefirst ---->(将指针移到第一条记录)
while not rs.eof ---->(判断指针是否到末尾)
response.write(rs("name")) ---->(显示数据表 message 中的 name 字段)
rs.movenext ---->(将指针移动到下一条记录)
wend ---->(循环结束)
rs.close
conn.close(这几句是用来关闭数据库)
set rs=nothing
```

```
set conn=nothing
%>
```

其中 response 对象是服务器向客户端浏览器发送的信息。

五、网站经营分析

起点中文网于 2004 年 10 月被盛大互动娱乐有限公司收购，成为盛大旗下的唯一文学网站品牌。起点中文网的文学作品涵盖了科幻、魔幻等领域，一些作品以在线游戏为基础创作，这与盛大的经营实体有重合之处，形成了在线游戏、衍生文学出版物等完整的产业链。

起点中文网采取开放式的运营方式，任何人都可以在起点中文网上发布自己的文学作品，如果作品的点击率达到一定的数量，则起点网会主动与该作者联系，邀请其成为起点网的签约作家。而当该作品达到一定的人气以后，起点网更会主动帮助作者联系出版社，为其出版实体书籍。这种运营方式使得起点中文网从开始的几百个驻站作者，在短短的 3 年内拥有了超过 3 万名的原创作者。急剧增加的作者数量带来了更多的原创作品，也同时吸引了无数的用户访问网站，并且成为起点中文网的 VIP 用户。

起点中文网一直在主动地引导着某类型的小说成为主流，从而为起点带来了一批又一批的用户群。2002 年，玄幻小说在中国兴起，借此契机，大量玄幻文学网站出现在中国的互联网中，如起点中文网、幻剑书盟、鲜网等。这些网站在短时间内发展和壮大，逐渐在中国互联网中崭露头角，网站日浏览量都在千万以上。凭借玄幻小说的兴起，起点中文网完成了发展的第一步。但是，起点并不满足于此，2004 年，南京作家萧潜在起点中文网发布了中国第一部现代仙侠类小说《飘渺之旅》，其宏大的故事场景和首创完整的修真体系，迅速得到广大书迷的追捧。起点中文网抓住这一机遇，将其作为新的小说类型进行广泛宣传。短时间内，起点网出现了一大批的修真类小说和写手。起点中文网这一有意识地将修真小说推为潮流的举措，带来了又一批庞大数量的读者群，其人气急剧增加，远远超越了幻剑、鲜网等同类网站，成为玄幻中文网站中的翘楚。起点中文网的超高人气吸引了国内娱乐新贵“盛大互动娱乐有限公司”的注意，于 2004 年 10 月被其收购。到此，起点中文网完成了发展的第二步。2005 年随着盛大的巨资投入，并且受其游戏产业的影响，起点网又出现了游戏竞技类型的小说，同时起点将现有所有网络流行的网络小说类型进行完善整合，确立了综合性中文文学门户网站的地位，完成了发展的第三步。

起点中文网非常注重站内书评。为此起点特聘多位专业人士，对站内的原创小说进行评论。在起点中文网的数万部站内小说中，如何找到满意的小说，是最困扰读者的问题。而通过阅读书评内容，读者就可以在不阅读小说的前提下了解小说的主要内容，衡量这部小说是否值得一读。

起点中文网内的小说，大多以很强的故事性来吸引读者，由于很多原创作者并非写手出身，其文笔较差。为此起点网推出了“作家班”活动，定期组织站内写手参加写作培训，提高作者的写作修养，使其创作的作品在情节安排上更合理，文笔更加优美。这一举措缓解了玄幻网站中经常出现的读者抨击作者文笔太差的现象。

六、创新分析

起点中文网在短短的 4 年内由一个小小的网络原创作家协会到现在的中文文学门户网站。其快速发展的势头和每年取得数千万利润的骄人业绩（仅网站的利润，不包括周边产品所带来的 2～3 倍的利润），证明了其为当之无愧的 Web 2.0 时代的奇迹。

起点中文网的成功源于发展过程中的数项创新举措。

第一，起点有意识地引导了多种小说题材成为网络潮流，以玄幻起家，先推动了现代仙侠，修真类题材成为网络小说的新宠，接着是游戏、竞技类题材的纷纷出现，然后又出现了架空历史、穿越重生类型的题材，直至现在的 6 大类近百小类的网络小说题材。

第二，起点中文网在发展的过程中，重视与游戏产业的紧密结合，创造了小说——游戏——周边产品这种新的模式。起点网评估站内作品的商业价值，购买有潜力的小说版权，使其成为游戏开发公司开发游戏的创意来源。例如最近 3 年的网络超人气小说：萧鼎的《诛仙》，即被完美时空公司购买下版权，并且已开发出同名网络游戏“诛仙”。

第三，起点中文网推出了女生频道这一亮点，吸引了一大批的女性读者成为其网站会员。在如今以男性读者为主的玄幻小说网站中，女生频道无疑为起点网拓展出了一个广阔的市场空间。

七、总结评点

起点中文网在继续致力于网络原创文学发展的同时，还开展了多种形式的业务模式。包括：通过建立海外分站，向庞大的海外中文市场进行拓展；与影视机构合作拍摄以起点中文网小说为剧本的电视剧；在 PC 平台以外，开发无线阅读平台，让读者可以在移动设备上看到最新的小说作品，使读者更方便地享受阅读的乐趣。

起点中文网在发展的同时，也面对着各种困难。由于很多读者并没有接受网络支付这种方式，随之而生的盗帖网站纷纷出现。这些网站以免费平台为名，鼓励一些起点的 VIP 用户将 VIP 章节贴到网站中，以此来吸引那些不习惯于网络支付的用户，以及不想付费的用户。而在起点推出了防盗帖专用阅读器后，又转而采用直接截图，甚至直接打字发布的方法进行盗帖，由此在互联网上还出现了一批称为“专业打手”的新兴职业。

虽然网络支付还未被所有的读者接受，但随着国内电子商务的迅速发展，人们消费观念的改变，越来越多的人开始慢慢接受并且习惯网络支付这一方式，而且起点的微支付也处于读者消费能力的承受范围之中。因此，起点中文网的用户数量不减反增。

作为国内中文文学网站的门户网站，起点中文网已经成为一种品牌。

八、知识与能力创新拓展

列举法是一种借助对某一具体事物的特定对象(如特点、优缺点等)从逻辑上进行分析并且将其本质内容全面地一一罗列出来的手段，用以启发创新设想，找到发明创造主题的创造技法。盛大互动娱乐有限公司收购起点中文网是经过深思熟虑，严谨调查的。它看到了起点中文网超强的人气、源源不断的原创小说、风靡一时的玄幻小说、气势强劲的仙侠小说，若能与自己的游戏产业巧妙地结合，开创游戏、竞技类小说，一定能够掀起新的阅读浪潮，到时不仅人气大丰收，而且收益也是相当可观的。

列举法不在于一般性的列举，在于从所列举出来的项目中挖掘出发明创造的主题和启发出创造性的设想。例如缺点列举法，不是如人们一般所想象的那样："就是把缺点列举出来，加以改进!"，其实有时"发扬缺点"反倒产生了奇迹般的创造。例如，起点中文网属于微支付电子商务网站，虽然成果上无法立竿见影，但是针对人们还不习惯网络支付的支付形式，微支付反而能更容易使读者接受，当人气积累到一定的量时，看似微不足道的微支付却能为起点中文网创收千万元，与其说这有点不可思议，不如说这是发扬缺点创造的奇迹。

一般情况下，列举法可分为缺点列举法、希望点列举法、希望点与缺点列举法联合应用法、特性列举法等。下面以起点中文网为例简单地介绍一下各种列举法的运用。

1. 缺点列举法

敢于质疑、敢于提出与众不同的创意，是创新人才必须具备的品质。世界上没有尽善尽美的东西，金无足赤，人无完人。缺点列举法是一种通过发散思维，发现和挖掘事物的缺点，并且把它的缺点一个一个列举出来，然后再通过分析，找出其主要缺点，据此提出克服缺点的课题或方案的创造性思维。缺点列举法是一种简单有效的创造发明方法，因为现实世界中每一件技术成果都是未完成的发明，只要你仔细地看，认真地想，总能找出它不完善的地方。只要时时留意自己日常使用和接触的物品的不足之处，多听听别人对某种物品的反映，那么发明课题是无穷无尽的。运用缺点列举法，第一步先找出事物的缺点，也就是选定研究的课题。课题一般不宜选得过大，如果过大，包含的内容太多，无法进行精细的研究。对于大课题，可以将其分解成许多部分再进行研究；第二步分析缺点产生的原因，分析要有针对性和系统性；第三步针对缺点产生的原因，有的放矢地提出解决的方法。按照这三步走，就会"柳暗花明又一村"。

起点中文网作为中国国内用户数量最大、收藏最全面、受关注程度最高，影响力最强的文学类网站，历程并非一帆风顺。起点中文网是以玄幻小说起家的，玄幻小说基本上是综合了西式奇幻、中国武侠、日本动漫、科学技术的大杂烩，它最大的特点就是"玄"，这类小说不需要科学的考证，不需要真实的存在，也不需要清楚的阐释。玄幻小说独特的特点吸引了大批男性读者，他们有的喜欢武侠小说，有的喜欢科幻小说，有的喜欢动漫故事，而玄幻小说囊汇了这些小说的特点，自然会受到男同胞的喜爱。虽然，起点中文网的开端是成功的，但从客观上说，它只打开了半边市场，它的成绩是建立在男性读者群上的，而作为半边天的女性读者却对此似乎并不是很喜欢。女性更加地多情，更加主观化，更加知性，她们关注更多的是人间的情爱恩仇，在她们看来玄幻小说太不切实际，与现实生活相差太远了，没有阅读的价值。为了使起点中文网健全地发展，起点特意推出了"女生频道"这个栏目，不仅成了起点中文网的一个亮点，同时也是起点的特色内容。现在的起点中文网已经成为最受中国读者推崇的文学类网站。

起点中文网从创立之日起，就一直专心致力于原创文学互动写作平台的建设。大量的原创作品不仅成就了很多的作家，而且也为起点的兴旺埋下了伏笔。但是，由于很多原创作品的写手并非是职业的，在措辞和文学修养上都无法达到一部巨作的水平，这引起了读者的不满情绪。起点中文网为此特别推出了“作家班”活动，定期组织站内写手参加写作培训，提高作者的写作修养，使其作品情节安排更合理，文笔更优美，并且聘请多位专业人士作为站内书评员，对每部作品作出客观、公正、严谨的评价，以此来督促写手进步。起点的这一举措，不仅大大减缓了读者的抱怨声，而且吸引了更多的爱好文学的人加入到“写手族”，参加培训，成就作家之梦。

2. 希望点列举法

古往今来，许多发明创造往往寓于希望之中，从人们的需要和愿望出发提出构想，从而促使产生发明创造，这是一种有效的创造发明技法，叫希望点列举法。希望点列举法的原则是“如果能这样该多好！”运用希望点列举法需要3个步骤：首先激发和收集人们的希望；其次仔细研究人们的希望，形成希望点，希望点是指创新性强、科学、可行的希望；最后以希望点为依据，创造新产品满足人们的需要。这种方法比较符合人们追求美好新事物的逻辑，是享受创新的一种方法。

起点中文网的发家史就是不断运用希望点列举法创新的里程碑。虽然目前文学类网站很多，但没有一个像起点中文网这样有计划、有步骤、有目的，系统化的发展。起点中文网以玄幻起家，先推动了现代仙侠，修真类题材成为网络小说的新宠，成功地完成了第一步；它以超高的人气和近乎完美的精彩表现被盛大互动娱乐有限公司相中，并且被收购到它的旗下。这是完成的第二步；所谓“大树底下好乘凉”，收购后盛大公司重资投入，结合盛大公司的游戏品牌，天衣无缝地巧妙结合，推出了游戏、竞技类题材的小说，开创了网络小说的新时代，后来又出现了架空历史、穿越重生类型的题材，直至现在的6大类近百小类的网络小说题材。这既是起点的成长过程，也是起点从最初的小网站建设为综合性的中文文学门户网站的完善过程。这关键的第三步不仅使起点中文网跨上了一个台阶，而且成功了转了型，增添了都市、言情、历史、军事、游戏、竞技等原创作品，真正成为Web 2.0时代P2P原创文学创作和阅读的基地，同时也为动漫改编、影视改编、游戏改编等提供了丰富的素材资源。

3. 希望点与缺点列举法联合应用法

通常列举法在应用过程中往往是希望点与缺点联合使用一并列举。因为，人们在发现事物缺点的同时便会提出希望。起点中文网既希望赢得更多读者的青睐，又希望能获得更大的收益。而读者既希望阅读到更多的原创小说，又希望能免费阅读。这看起来似乎是一个不可解的矛盾，为此起点也想了很多点子。如果把价格抬得太高，读者必然不愿意掏钱；如果不收钱，又不太实际，网站将无法运营。后来有人提出了“微支付”的概念，起点中文网把小说内容分成两个部分：公众章节和VIP章节。公众章节占整部小说的1/3，又称免费章节，读者可以直接点击阅读。如果读者想继续阅读下面的章节，就必须付一定的费用，就是VIP章节，又称收费章节，按每千字两分钱收费。这样，用户每次支付的费用都在一角左右，一次性订阅一本书的所有VIP章节，也只需要花费几块钱，这对于读者来说是完全付得起的，也比较容易使读者接受。至此，网站运营的主模式基本定型，微支付为起点中文网创造了很大的财富，同时也成为其他电子商务网站效仿的典范。

虽然起点中文网取得了骄人的成绩，但是它并没有停留在现有的成绩上，而是不断开拓进取，在致力于网络原创文学发展的同时，还开展多种形式的业务模式：①通过建立海外分站，向庞大的海外中文市场拓展；②与影视机构合作拍摄以起点中文网小说为剧本的电视剧；③在 PC 平台以外开发无线阅读平台，让读者可以在移动设备上看到最新的小说作品。起点中文网正以强劲的发展态势，向更广阔的市场空间行进。

4. 特性列举法

特性列举法（AL 法）是美国克劳福德创立的。该法很简单，既适用于个人，也适用于群体。主要手段是一一列举创意对象的特征，进行联想，提出解决方案。一般分两步进行：①选择目标较明确的创意课题，宜小不宜大；再列举创意对象的特征：名词特性、形容词特性和动词特性。②从各个特性出发，提问或自问，启发广泛联想，产生各种设想，再经评价分析，优选出经济效益高。美观实用的方案来。在运用该法时，对创意对象的特性分析得越详细越好，并且尽量从多角度提出问题和解决问题。

起点中文网是基于 ASP 技术建设的网站，网页颜色柔和，背景为干净清爽的白色，小说名为清新自然的绿色，小说类型以红体标出，小说介绍用黑色字体标出。网页左边是推荐栏：强力推荐小说、三江阁小说、女生频道小说推荐、起点 VIP 作品推荐、作品专辑推荐、新书入库等；网页右边是排行榜：周书友点击榜、周书友推荐榜、VIP 新作月票排行、新书周潜力榜；网页中间分上下两个部分，上部分是分类推荐栏，下部分是最近更新栏。

下面以起点中文网为例加以说明。

（1）名词特性（网站、网页、内容、技术）。

网站：起点中文网。

网页：左边、右边、上部、下部。

内容：推荐栏、排行榜、分类推荐栏、最新更新栏。

技术：ASP 技术。

（2）形容词特性（柔和、周到、清晰、亲切、自然、丰富）。

（3）动词特性（功能）。如设计、排版、设置、点击、排行、推荐、阅读、浏览等。

作业与设计

（1）浅谈你对微支付电子商务这种模式的了解。

（2）浏览起点中文网，熟悉其网站布局和操作流程。

第7章　中　国　制　造

一、网站介绍

中国制造网（Made-in-China.com）是一个中国产品信息荟萃的网上世界，面向全球提供中国产品的电子商务服务，旨在利用互联网将中国制造的产品介绍给全球采购商。中国制造网独有的“Made in China”域名对中外商家而言非常直观形象，具有很强的亲和力和天生的知名度；而它的信息平台和优质商业服务更为中国对内对外贸易的发展提供了强有力的支持（如图 7.1 所示）。

图 7.1　中国制造网首页

注：以上资料来源于 http://cn.made-in-china.com/，其相应文字图片，网站的商品及服务商标和商号，为各自权利人所有，这些资料只限用于个人学习研究使用。

二、网站功能模块

1. 针对性

中国制造网的访问者大多是国内和国外的产品制造商或买家，因此网站把所有产品分为 14 个大类，每个大类再分为若干小类，每个产品频道有高度集中的行业人士或广告受众群，也因此大大提高了广告发布的有效性。

2. 专业性

中国制造网的定位是为国内和国外的产品制造商或买家服务，他们都是一批比较成熟和知识水平较高的产品行业用户，利用中国制造网发掘商机、和其他行家进行联系或业务交流。所以中国制造网的专业性将帮助提高广告商的形象和广告发布的效果。

三、网站操作流程

1. 注册

（1）创建账号和密码，填写有关信息，如图 7.2 所示。

（2）填写公司基本信息，在第一步后进入如图 7.3 所示的界面填写有关公司的基本信息。

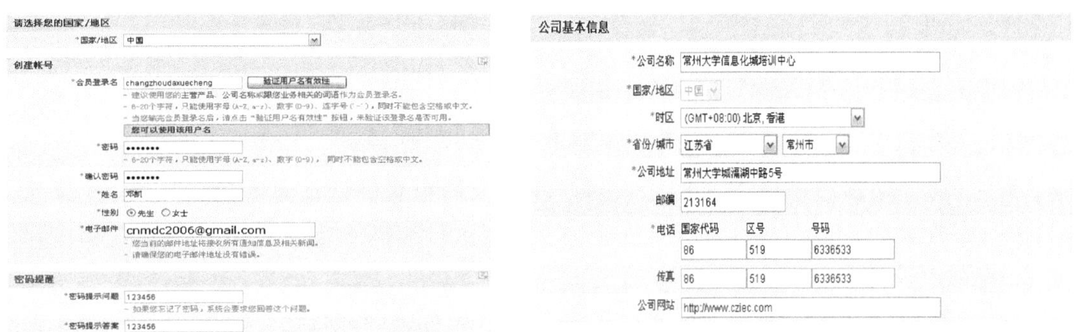

图 7.2　用户注册信息　　　　　　图 7.3　公司基本信息界面

（3）填写公司业务信息：选择公司类型、业务范围，并且填写对该公司的描述信息，如图 7.4 所示。

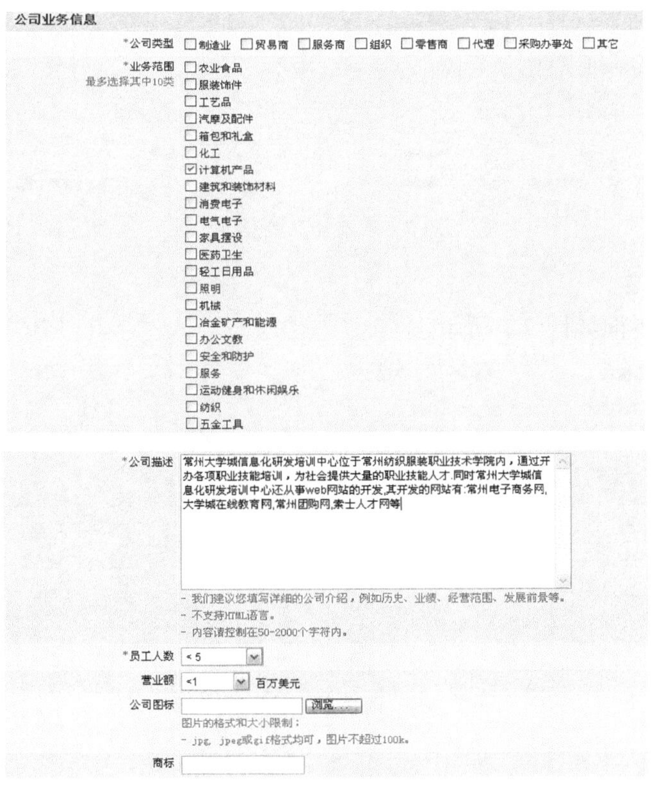

图 7.4　公司业务信息

（4）填写公司联系信息，如图 7.5 所示。

公司联系信息

*联系人姓名 邓凯

*性别 先生 女士

*电子邮件 cnmdc2006@gmail.com

备用电子邮件

- 例如：您公司的电子邮件
- 如果您当前的电子邮件无法正常使用时，我们将使用您备用的电子邮件。

如果您需要将来自中国制造网的商业信息或相关新闻抄送至该备用电子邮件，请选择此框

所属部门

职务

移动电话

图 7.5　公司联系信息界面

（5）确认公司信息：以上（1）～（4）步完成后再次确认信息即可。

（6）注册成功。

2. 添加产品信息

注册成功后登录，在如图 7.6 所示的界面中添加有关产品信息。

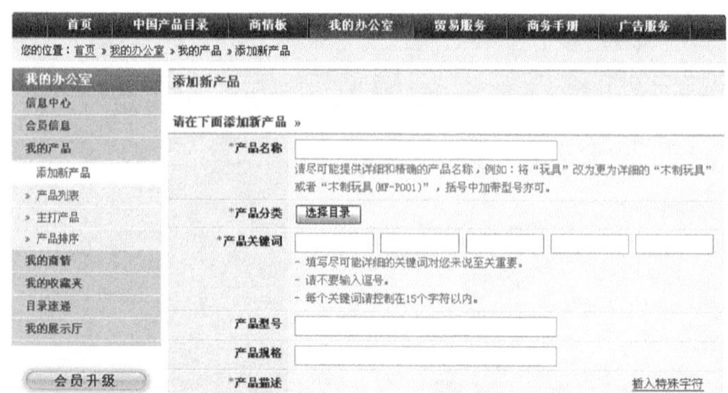

图 7.6　添加产品信息

3. 查询商情信息

商情信息查询界面如图 7.7 所示。

商情板

商情类别　新商情　推荐商情

	求购	销售	合作	总共
农业食品	250	3360	200	3810
服装饰件	453	4113	264	4830
工艺品	255	7162	189	7606
汽摩及配件	170	2858	113	3141
箱包和礼盒	103	1664	41	1808
化工	434	11738	189	12361
计算机产品	102	2518	111	2731

图 7.7　商情信息查询界面

4. 联系公司

在商情信息中找到所需要的信息后，可直接选择与提供该信息的公司联系，并且发送

联系信到该公司。

四、网站设计分析

1. 总体设计分析

中国制造网现已成为中国产品供应商和全球采购商共通共享的网上商务平台。在国际贸易和商务活动中，供应商希望自己的产品尽可能被众多采购商熟知，而采购商则希望多多结识和了解产品供应商从而找到最适合的供应商和合作伙伴。中国制造网关注中国企业特别是众多中小企业的发展，因为中国制造网深信，只有在中小企业发展的基础上，全球经济才能更健康地成长。凭借巨大而翔实的商业信息数据库，便捷而高效的功能和服务，中国制造网成功地帮助了众多供应商和采购商建立联系、提供商业机会，为中国产品进入国内和国际市场开启了一扇方便的电子商务之门。

2. 栏目设计分析

（1）中国产品目录（Product Directory）。该数据库集中了丰富的中国制造产品及其供应商的详细信息。用户可以按24个大类条目逐级查询产品和厂商信息，也可以使用强大的搜索功能：在搜索框中输入相关的产品或公司名称来获得具体结果。如果是中国的公司，那么在注册成为会员后，就可以把自己的公司与产品信息加入到“产品目录”中，让全球各地的客商都能看到该信息。如果公司所供应的产品并不是“中国制造”，就只能在商情板里发布产品信息。

（2）商情板（Offer Board）。BBS形式的商情板可以让每个中国制造网的会员即时发布（或回复）关于买、卖或合作的各类信息，无论公司是否为“中国制造”。在这里都可以查询到来自世界各地的销售、求购、合作等信息。

商情板里的信息也分为 24 个大类，用户可以按类目浏览，或者输入关键词搜索。为了更快捷、更准确地得到相关结果，可以选择搜索的范围：信息类型（出售信息、求购信息、合作信息或全部信息）或信息发布的有效期限（最近2天、最近5天、最近10天、最近20天、最近30天或所有）。

信息列表可以按主题、国家或按时间排序。点击每条商情后，可以看到这条商情的详细内容；点击“发布者”，则可以看到它的公司信息。

登录之后，就能够在商情板发布（回复）新的商情，或管理自己的商情。

（3）询盘篮（Inquiry Basket）。询盘篮就像购物车，用来盛放用户在浏览过程中看到的一些感兴趣的公司信息或者产品和商情信息，然后对这些信息进行比较，也可以统一对这些信息发送询盘。

（4）我的办公室（Virtual Office）。注册会员的虚拟办公场所。在这里用户可以看到有哪些客户与自己联系、自己发布的商情是否有人回复，也可以对自己的公司和产品信息进行修改维护，或者查看管理收藏夹里的公司、产品和offer的信息。

① 信息中心（Message Center）。为会员提供的一个信息管理中心。所有会员的来自中国制造网的商情信息、别人回复的信息都储存在“收件箱”里，一旦有了新的信息，中国制造网将会立即通知会员，会员可以登录进入“我的办公室”查阅、回复或者删除该信息。

另外，在“已发送信息”里可以看到会员通过中国制造网发出去的信息，这有助于保存管理所有的往来商情。如果需要对某些邮件进行备份，可以使用邮件下载功能，把最近3个月之内的邮件下载下来，进行处理；还可以通过“通信录管理”来把感兴趣的公司收藏在通信录中，便于今后联系该公司；也可以通过“黑名单管理”来屏蔽不想看到的公司邮件，提高收信的质量。

② 会员信息（Member Information）。会员可以通过这里添加、修改公司信息，只有当公司信息通过中国制造网的审核，会员的其他信息才有可能在网站上展示；另外，可以通过“联系人信息”进行联系人信息的修改，如果是高级会员，更可以在这里设置附属联系人，这样，就可以按照组，将发布的产品和商情让不同的附属联系人来分组进行管理。

③ 我的分组（My Groups）。只有高级会员——中国供应商才能使用组的功能，通过建立“组”，高级会员可以按照自己的分类方式展示自己的产品和商情，并且还可以让附属联系人管理分组，处理这些组的商业联系。

④ 收藏夹（Favorites）。会员可以将在Made-in-China.com上查看到的感兴趣的信息（如产品、公司、商情、目录等）放入收藏夹，以后从收藏夹列表里就可以直接浏览这些信息，而不必再去搜索或按类目逐级查找，也可以随时删除收藏夹里的任何信息。

⑤ 目录速递（Product Alert）。这是一种信息订阅服务，会员可以根据自己的需要订阅感兴趣的产品子目录，中国制造网会定期向会员发送会员订阅目录下的产品信息至电子邮箱。

⑥ 我的展示厅（My Showroom）。“我的展示厅”是中国制造网为中国会员提供的一项展示自己企业及产品图文信息的免费服务。

如果注册为中国制造网的会员并且拥有通过校核的公司、产品信息，便可自动生成属于该会员的展示厅。

3. 网站技术分析

中国制造网网站是使用ASP技术建设的网站。承接上一章的内容，继续对ASP做进一步的介绍。

（1）增加数据库记录。增加数据库记录用到rs.addnew和rs.update两个函数。

```
<!--#include file=conn.asp--> (包含conn.asp用来打开bbs\db1\目录下的user.mdb数据库)
<%
set rs=server.CreateObject("adodb.recordset") (建立recordset对象)
sqlstr="select * from message" ---->(message为数据库中的一个数据表，即你要显示的数据所存放的数据表)
rs.open sqlstr,conn,1,3 ---->(表示打开数据库的方式)
rs.addnew(新增加一条记录)
rs("name")="xx"(将xx的值传给name字段)
rs.update(刷新数据库)
rs.close
conn.close(这几句是用来关闭数据库)
set rs=nothing
set conn=nothing
%>
```

（2）删除一条记录。删除数据库记录主要用到 rs.delete 和 rs.update 两条语句。

```
<!--#include file=conn.asp--> (包含 conn.asp 用来打开 bbs\db1\目录下的 user.mdb
数据库)
<%
dim name
name="xx"
set rs=server.CreateObject("adodb.recordset") (建立 recordset 对象)
sqlstr="select * from message" ---->(message 为数据库中的一个数据表，即你要显
示的数据所存放的数据表)
rs.open sqlstr,conn,1,3 ---->(表示打开数据库的方式)
while not rs.eof
if rs.("name")=name then
rs.delete
rs.update（查询数据表中的 name 字段的值是否等于变量 name 的值"xx"，如果符合就执行删
除）
else（否则继续查询，直到指针到末尾为止）
rs.movenext
end if
wend
rs.close
conn.close（这几句用来关闭数据库）
set rs=nothing
set conn=nothing
%>
```

（3）关于数据库的查询。

① 查询字段为字符型。

```
<%
  dim user,pass,qq,mail,message
  user=request.Form("user")
  pass=request.Form("pass")
  qq=request.Form("qq")
  mail=request.Form("mail")
  message=request.Form("message")
  if trim(user)&"x"="x" or trim(pass)&"x"="x" then (检测 user 值和 pass 值是
  否为空，可以检测到空格)
response.write("注册信息不能为空")
else
  set rs=server.CreateObject("adodb.recordset")
  sqlstr="select * from user where user='"&user&"'" (查询 user 数据表中的 user
  字段其中 user 字段为字符型)
  rs.open sqlstr,conn,1,3
  if rs.eof  then
  rs.addnew
  rs("user")=user
  rs("pass")=pass
  rs("qq")=qq
  rs("mail")=mail
  rs("message")=message
```

```
    rs.update
    rs.close
    conn.close
    set rs=nothing
    set conn=nothing
    response.write("注册成功")
  end if
    rs.close
    conn.close
    set rs=nothing
    set conn=nothing
    response.write("注册重名")
  %>
```

② 查询字段为数字型。

```
  <%
    dim num
    num=request.Form("num")
    set rs=server.CreateObject("adodb.recordset")
    sqlstr="select * from message where id="&num (查询 message 数据表中 id 字段
的值是否与 num 相等，其中 id 为数字型)
    rs.open sqlstr,conn,1,3
    if  not rs.eof  then
      rs.delete
      rs.update
      rs.close
      conn.close
      set rs=nothing
      set conn=nothing
      response.write("删除成功")
  end if
      rs.close
      conn.close
      set rs=nothing
      set conn=nothing
      response.write("删除失败")
  %>
```

（4）几个简单的 ASP 对象的讲解。

response 对象：服务器端向客户端发送的信息对象，包括直接发送信息给浏览器，重新定向 URL，或设置 Cookie 值。request 对象：客户端向服务器提出的请求。session 对象：作为一个全局变量，在整个站点都生效。server 对象：提供对服务器上方法和属性的访问。

例如：

```
  <%
    response.write("hello, welcome to asp!")
  %>
```

在客户端浏览器就会看到 hello, welcome to asp! 这一段文字。

```
<%
  response.Redirect("www.sohu.com")
%>
```

如果执行这一段，则浏览器就会自动连接到“搜狐”的网址，关于 response 对象的用法还有很多，大家可以研究研究 request 对象的一般使用方法，例如客户端向服务器提出的请求就是通过 request 对象来传递的。例如：在申请邮箱时所填写的个人信息就是通过该对象来将所填写的信息传递给服务器的。例如：以下是一段表单的代码，这是提供给客户填写信息的，填写完了单击“提交”按钮传递给 request.asp 文件处理后再存入服务器数据库。

```
<form name="form1" method="post" action="request.asp">
<p>
  <input type="text" name="user">
</p>
<p>
  <input type="text" name="pass">
</p>
<p>
  <input type="submit" name="Submit" value="提交">
</p>
</form>
```

那么 request.asp 该如何将其中的信息读入，再写入数据库，在这里就要用到 request 对象了，下面就来分析 request.asp 的写法。

```
<%
  dim name,password (定义 user 和 password 两个变量)
  name=request.form("user") (将表单中的 user 信息传给变量 name)
  password=request.form("pass") (将表单中的 pass 信息传给变量 password)
%>
```

通过以上的几句代码就将表单中的数据读进来了，接下来将信息写入数据库，写入数据库的方法上面都介绍了，这里就不再一一复述了。

五、网站经营分析

中国制造网采用的是广告服务的方法。通过用户刷新自己的商品广告信息，来提高自己公司的排名。同时，公司排名的高低还取决于公司发布商品广告信息的积分。中国制造网有一个分值系统，金牌有 10 分，铜牌有 5 分的，然后可以把这 10 分，5 分在发布的时候分布到 product or trade lead 中去。拥有这个分数值的信息按分值多少排列，免费会员是 0 分，所以排在有分的后面。同时主打产品在排名上面有优势，另外还可以发同一关键词的信息，而不会被当作同类产品而被隐藏。

六、创新分析

中国制造网的最大创新就是它的公司信息排名算法。采用自由竞争机制，配合以分值系统，国内的公司为了使自己公司的网站排名靠前，使国外的采购商更加容易看到自己公司的商品信息，只有不断地刷新商品广告信息，同时付费成为中国制造网的高级会员，以获得分值系统的积分值，以便自己的商品成为主打产品，而更容易受到国外采购商的关注。

中国制造网现已成为中国产品供应商和全球采购商共通共享的网上商务平台。在国际贸易和商务活动中，供应商希望自己的产品尽可能被众多采购商熟知，而采购商则希望多多结识和了解产品供应商从而找到最适合的供应商和合作伙伴。中国制造网关注中国企业特别是众多中小企业的发展，因为中国制造网深信，只有在中小企业发展的基础上全球经济才能更健康地成长。凭借巨大而详实的商业信息数据库，便捷而高效的功能和服务，中国制造网成功地帮助了众多供应商和采购商建立联系、提供商业机会，为中国产品进入国内和国际市场开启了一扇方便的电子商务之门。

七、总结评点

中国制造网拥有巨大的商业信息数据库，在全球快速发展的电子商务市场中，中国制造网已在中国生产厂商和全球采购商之间建立起了一条快捷方便的信息通道。

目前，中国制造网已经成为同类网站中最优秀的一员，它汇集国内十万多种产品信息，提供详细的中国产品分类展示、产品供应商资料、全球供求信息等内容。中国制造网独有的“Made-in-China.com”域名对外商而言非常直观形象；而它的信息平台和优质商业服务更为促进中国对外贸易发展创造了极大的推动力，Made-in-China 在全球著名的搜索引擎选择中都可以找到。

八、知识与能力创新拓展

移植法是把某一事物或领域的原理、结构、功能、方法、材料等移植到另一事物或领域中去，用于变革或创新事物的创新方法。其实质是借用已有的创造成果进行新目标下的再创造，使已有的成果在新的条件下进一步延续，发挥和拓展。

1. 原理移植

原理移植是将某种科学技术原理向新的研究领域类推和外延。利用电视来做广告，宣传自己的商品，是大多数商家惯用的策略。随着网络的深入人心，网络广告掀起了新的风暴。中国制造网作为电子商务网站，在功能原理上与电视广告大致相同，都是为了吸引顾客，销售产品。只不过中国制造网除了是供应商展示产品信息的广告栏外，还是采购商获取产品信息，寻找合作伙伴的商务信息平台。

2. 技术移植

技术移植是进行技术改造、调整产业结构进行创新的一种有效的方法。中国制造网和大多数电子商务网站一样，都是采用 ASP 技术组建的。这种技术不仅运用广泛，而且很便捷直观。例如前一章所讲的起点中文网采用的也是这种技术。

3. 方法移植

我国古代巨著《孙子兵法》是用于指导战争取得胜利的兵书，现代的企业家纷纷学习兵书，用于商战取得经济竞争的胜利。这些是将兵书的方法移植到市场竞争中来。例如，积分法就是一种常规性的商业技法。商家为了把商品推销出去，为每位消费的顾客办一张积分卡，就是人们常说的会员卡，当达到一定的积分时，就可以领取一定的小礼品，积分值越高，获赠的礼品也就越贵重。这看似顾客额外得到了好处，但实质上是商家促销的一种手段。中国制造网巧妙地将这种方法运用到网站经营中，发明了公司信息排名算法。这个方法采用自由竞争机制，配合以分值系统，国内的供应商为了使自己公司的网站排名靠前，使国外的采购商很容易就能看到自己公司的商品信息，只有不断地刷新商品广告信息，同时付费成为中国制造网的高级会员，以此来获得更多的积分值，使自己的产品成为主打产品，能占据网站上最醒目的位置。中国制造网不仅从积分法上获得了灵感发明了公司信息排名算法，同时也促使国内供应商更加注重对自己产品信息的更新，注重企业自身形象，招揽更多的国外采购商成为公司的长期合作伙伴。

4. 结构移植

结构移植是将某种事物的结构形式或特征向另一事物移植，以开发出新产品、发挥新的作用的创新方法。例如现在的掌上电脑，就是根据手机来设计的，又轻巧又便捷，实在是精妙的发明。中国是个地大物博的国家，随着经济的发展和综合国力的提高，中国成了外国商人投资的最佳选择。如何把国内的企业介绍出去，吸引世界各地的商人来投资，这是中国经济发展的一个重点。中国制造网作为中国电子商务网站的代表，中心任务就是要利用互联网将中国制造的产品介绍给全球采购商，为中国产品进入国内国际市场开启方便之门。中国制造网还特别重视国内中小企业的发展，因为只有在中小企业发展的基础上全球经济才能健康快速地发展。中国制造网以巨大而详实的商业信息数据库，便捷而高效的功能和服务，为促进中国对外贸易发展创造了极大的推动力，它也成为全球著名搜索引擎之一。

作业与设计

编写一个简单的 ASP 实例，要求实现对数据库的连接、添加数据、删除数据、查询数据的功能（数据库可以使用 Access，在其中建立一张表，上述功能皆在该表上操作实现）。

第 8 章　eBay 易趣网

一、网站介绍

eBay 易趣取自“易趣”与“eBay”的结合。易趣网于 1999 年 8 月成立，其含义为“交易的乐趣”。而“eBay”取自全球最成功的电子商务网站 eBay Inc.。两个企业结合而成的名字蕴涵着中国与世界最领先的电子商务网站的强强联手与紧密合作。这个名字向用户传达了 eBay 易趣是即中国又世界、即本土又全球的网上交易平台。

易趣网络信息服务（上海）有限公司和上海易趣贸易有限公司于 1999 年 8 月成立，并且共同运营易趣网。2002 年 3 月，易趣网获得美国最大的电子商务公司 eBay 的 3000 万美元的注资，并且同其结成战略合作伙伴关系，2003 年 6 月，易趣网获得 eBay 追加的 1.5 亿美元投资，并且成为 eBay 全球大家庭中的一员。2004 年 7 月，易趣网推出新品牌“eBay 易趣”。

eBay 易趣（如图 8.1 所示）是在线交易服务提供商，个人和企业可以在 eBay 易趣上直接向消费者出售自己的物品，全球任何能够上网的并且懂得中文的消费者也可以不受时间与地域的限制，在 eBay 易趣上挑选到不同卖家出售的物品。同时，eBay 易趣一直致力于联合支付等各种合作伙伴，为买卖双方提供更完美的交易体验。

二、网站功能模块

1. 信息流

以易趣网为信息交流平台。以 QQ、E-mail 等为辅助交流手段。

卖家在网上发布商品信息，买家对商品进行竞价或一口价购买，向卖家发出交易订单。并且以 QQ 等手段与卖家联系，进一步讨论价格。当双方确定最终价格后，卖家发货，当买家收到商品并且验证后，在易趣网上确认交易并且给予卖家评论。卖家在易趣网上收到买家的评论，并且从支付宝上取得资金后，给予买家评论。

2. 资金流

以支付宝为唯一资金流动平台。

买家将资金预先存入支付宝中，待收到商品并且验证后，确认交易，由支付宝将资金转入卖家账户中。

3. 物流

以平邮、EMS、快递等为主要流通方式。

实体商品由卖家直接以平邮，快递等方式发给买家。虚拟物品直接通过网络（电子邮件，文件传输等）由卖家发给买家。

三、网站操作流程

1. 如何进入“免费注册”

在消费者进入易趣网的主页后，首先单击网页右上角的“免费注册”按钮。

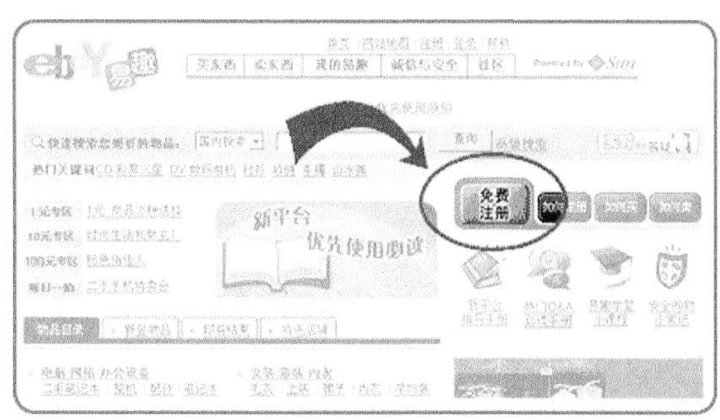

图 8.1　eBay 易趣首页

注：以上资料来源于 http://www.eachnet.com/，其相应文字图片，网站的商品及服务商标和商号，为各自权利人所有，这些资料只限用于个人学习研究使用。

2. 填写表格

按照网页要求填妥消费者的个人信息，包括常用姓名、电子邮件、电话、地址等，所有项目均为必填。填完个人信息后，再仔细阅读服务条款，勾选全部选项并且单击“我已阅读并接受上述条款，继续→”按钮到下一步，如图 8.2 所示。

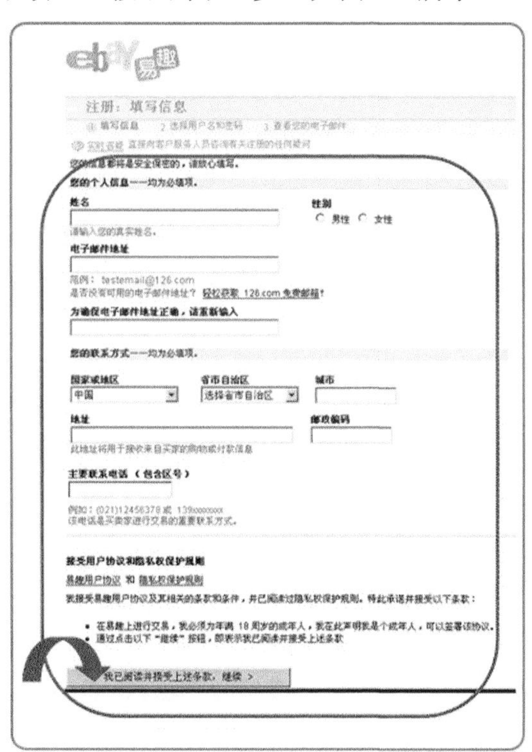

图 8.2　填写信息界面

3. 选择用户名和密码

填完个人信息后，接下来就是创建或选择消费者在易趣网上的用户名和密码了。如图 8.3 所示。用户名用于其他用户辨认消费者在易趣上的身份，不能重复，而密码则是消费者安全交易的保障基础，需设置一个别人很难猜到却十分好记的密码。这样注册还差最后一步就可完成了。

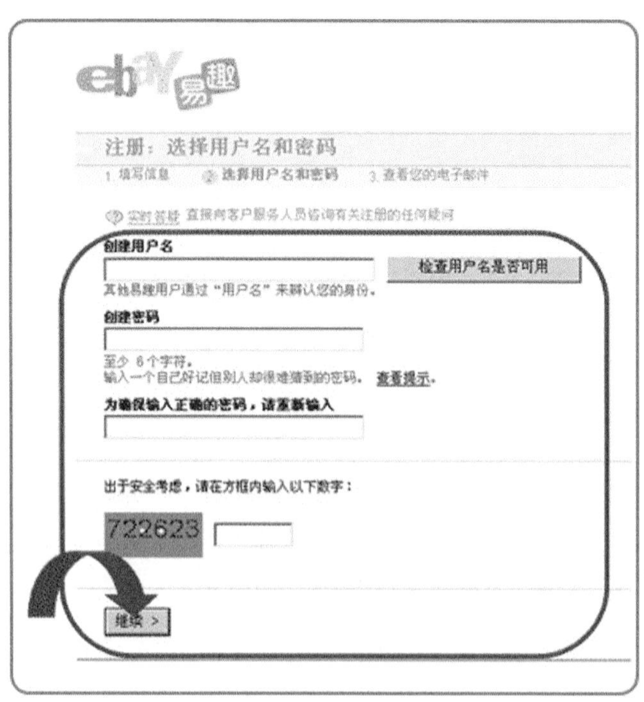

图 8.3　注册用户界面

4. 完成注册

易趣将发送一封确认信到刚才消费者所填写的邮箱中，此时不要关闭窗口，如果消费者没有收到确认信，可单击“再次发送确认信”按钮。在收到确认信后单击信中“确认消费者的邮箱”按钮。这样，消费者在易趣网上的注册就完成了，如图 8.4 所示。

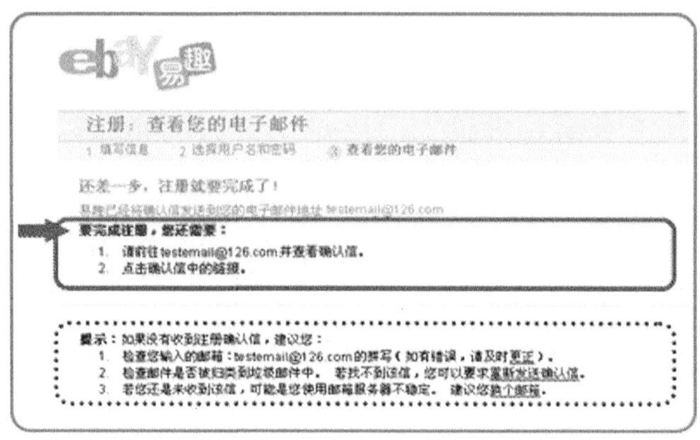

图 8.4　注册成功界面

5. 登录物品

登录物品的流程如下（如图 8.5 所示）。

（1）注册并且通过卖家认证（易趣为消费者提供了 3 种认证方式）。

（2）单击导航栏上的“卖东西”，登录易趣。

（3）选择物品分类。

（4）填写物品信息，包括物品名称（请尽量以关键字命名），描述，数量，所在地等。

（5）设定价格：起始价，一口价，底价。了解更多价格如何设定。

（6）选择物品在线时间。

（7）确认消费者的交易联系方式（请正确填写真实的联系方式，如有变更请及时更新）。

（8）上传物品图片。

（9）附加支付、运货及保修信息（此项较受买家关注，需仔细填写）。

图 8.5　登录物品流程

6. 网上成交

消费者可方便地在“我的易趣”查看消费者正在出售和已经出售的物品情况。有许多买家会在物品中留言提出问题，易趣网也会 E-mail 提醒消费者及时答复。如果买家用一口价买下消费者的物品，或消费者的物品在结束时有人竞标并且达到消费者的底价，消费者的物品就算在网上成交了。

7. 网下交易

在消费者与买家成交后，易趣网将以 E-mail 的方式给消费者送出一封成交信，告知消费者买家的联系方式。消费者也可以在“我的易趣”中找到买家的联系方式。

然后消费者就可以和买家约定如何付款，如何送货或当面交易等实物交付方式。如果消费者在登录物品时就表明了支付和发货方式，则需消费者和买家再确认一下 。

8. 做出评价

如果消费者与买家在网下实际达成交易，消费者就有义务为买家作出客观、真实的信用评价。同样，买家也会对消费者做出信用评价，如图 8.6 所示。所累积起来的信用级别与信用度积分代表了消费者交易信用程度的高低。努力提升消费者的信用级别，对以后的成功交易会有重要作用 。

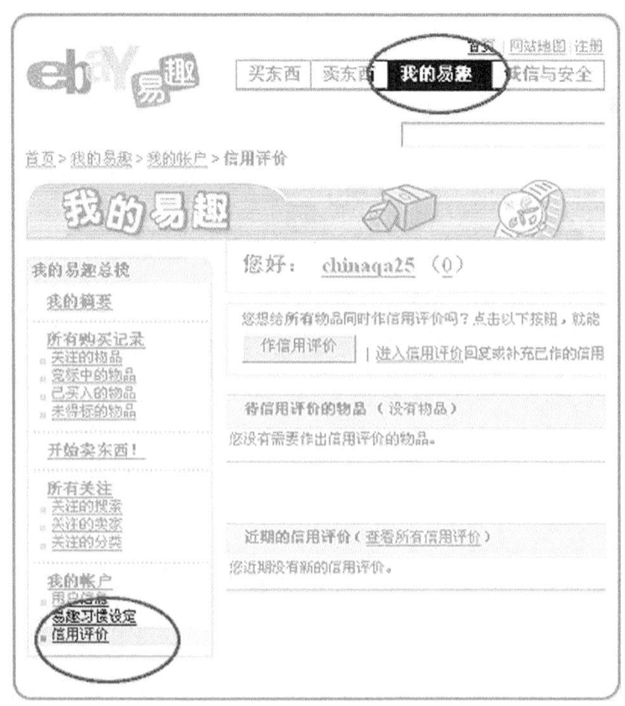

图 8.6　信用评价界面

四、网站设计分析

1. 总体设计分析

eBay 易趣是在线交易服务提供商，通俗地说就是“网上的南京路”，或者可以称之为“网上的王府井大街”，个人和企业都可以在 eBay 易趣上直接向消费者出售自己的物品，全球任何能够上网的并且懂得中文的消费者也可以不受时间与地域的限制，在 eBay 易趣上挑选到不同卖家出售的物品。同时，eBay 易趣一直致力于联合支付等各种合作伙伴，为买卖双方提供更完美的交易体验。因此，在总体设计上该网站与其他的一些网站相似，网页设计方面，以 JavaScript 脚本语言构建网页的主要结构和基本功能，并且实现网页中的动态效果。用 XML 技术实现网站登录和注册的功能。主页内容分布比较集中，给人以一种拥有海量信息量的感觉。

2. 栏目设计分析

主要有买东西、卖东西、我的页面、网上社区、诚信安全、帮助等 6 个一级子栏目。“卖东西”一级栏目下直接进入商品的售卖阶段，而“诚信安全”一级栏目下没有二级子栏目，直接挂接相关规定、议题。此外的 4 个栏目都有二级子栏目。

在网站首页，还有 6 个独立栏目链接，方便用户快速进入。在此需要指出的是搜索不仅在“买东西”中是二级栏目，而且被独立设置为首页链接栏目，非常醒目。

“买东西”栏目主要为用户购物方便，分别设有商品分类，商品搜索，特色商店。特色商店是在大同拍卖网上有个人或商家为单位开立的付费店铺，店铺可专门收买一类商品，也可以是综合性商店。“我的页面”栏目是用户个性化的空间，包括用户设置（主要是密码、信息、邮件等的修改），我是买家（主要有竞标中的商品、已买商品和关注商品/店铺），我是卖家（出售中的商品、已结束的商品、买家留言商品、信息发布商品和我的店铺），信用管理（包括成交做信用评价，未成交警告卖家，退回交易服务费，我的信用）。“网上社区”主要分为公告栏、BBS 论坛和近期活动，可方便用户获取最新信息，实现网上交流、畅谈。“帮助”除新手上路、基本帮助、买方指南、卖方指南外，还专门针对用户设立了个人信息，解答有关个人注册、开店、缴费的众多疑问。

3. 技术分析

在 Web 应用中，绝大多数的动态效果都是用 JavaScript 脚本语言编写的。

JavaScript 是一种基于对象（Object）和事件驱动（Event Driven）并且具有安全性能的脚本语言。使用它的目的是与 HTML 超文本标记语言、Java 脚本语言（Java 小程序）一起实现在一个 Web 页面中链接多个对象，与 Web 客户交互的作用，从而可以开发客户端的应用程序等。它是通过嵌入或调入在标准的 HTML 语言中实现的。它的出现弥补了 HTML 语言的缺陷，它是 Java 与 HTML 折中的选择。

JavaScript 具有以下几个基本特点。

（1）是一种脚本编写语言。JavaScript 是一种脚本语言，它采用小程序段的方式实现编程。像其他脚本语言一样，JavaScript 同样也是一种解释性语言，它提供了一个相对容易的开发过程。

它的基本结构形式与 C、C++、VB、Delphi 十分类似。但它不像这些语言一样，需要先编译，而是在程序运行过程中被逐行地解释。它与 HTML 标识结合在一起，从而方便用户的使用操作。

（2）基于对象的语言。JavaScript 是一种基于对象的语言，同时以可以看做一种面向对象的语言。这意味着它能运用自己已经创建的对象。因此，许多功能可以来自于脚本环境中对象的方法与脚本的相互作用。

（3）简单性。JavaScript 的简单性主要体现在：首先它是一种基于 Java 基本语句和控制流之上的简单而紧凑的设计，从而对于学习 Java 是一种非常好的过渡。其次它的变量类型是采用弱类型，并未使用严格的数据类型。

（4）安全性。JavaScript 是一种安全性语言，它不允许访问本地的硬盘，并且不能将数据存入到服务器上，不允许对网络文档进行修改和删除，只能通过浏览器实现信息浏览或动态交互。从而有效地防止数据的丢失。

（5）动态性。JavaScript 是动态的，它可以直接对用户或客户输入做出响应，无须经过 Web 服务程序。它对用户的反映响应，是采用以事件驱动的方式进行的。事件驱动就是指在主页（Home Page）中执行了某种操作所产生的动作，就称为“事件”（Event）。例如按下鼠标、移动窗口、选择菜单等都可以视为事件。当事件发生后，可能会引起相应的事件响应。

（6）跨平台性。JavaScript 是依赖于浏览器本身，与操作环境无关，只要能运行浏览器的计算机，并且支持 JavaScript 的浏览器就可正确执行。

综上所述，JavaScript 是一种新的描述语言，它可以被嵌入到 HTML 的文件之中。JavaScript 语言可以做到回应使用者的需求事件（如 Form 的输入），而不用任何的网路来回传输资料，所以当一位使用者输入一项资料时，它不用经过传给服务器端（Server）处理，再传回来的过程，而直接可以被客户端（Client）的应用程式所处理。

五、网站运营分析

1. 支付方式

易趣网的支付方式多种多样。最初，易趣网可提供包括手机、E-mail、信用卡、身份证、地址等 5 种会员认证方式。此后，易趣网又推出了“易付通”服务。在卖家和买家交易过程中，买家可以先将钱打入易趣网特设的一个账户中，一旦钱到位，易趣网会马上通知卖家发货；买家收到货并且对货物的数量和质量没有疑义后，易趣网才会将钱支付给卖家。这种做法成为了目前中国商业信用缺乏的情况下一种有效的解决方案。目前活跃在易趣网的买家为 35 万～40 万，只有 5 万人左右采用网上银行信用卡的方式划账。

2. 交易信用

易趣网在信用方面做得很好。易趣网建立了一套独特的个人信用评定体系。买家和卖家可以对双方交易的过程和结果在网上发表意见；易趣网会以此意见为参考，通过自己的数据库进行分析测评，得出卖家的交易诚信度的得分。钻石级用户诚信度高，交易笔数大，在交易中获得的收益就更多。易趣网甚至承诺，对交易过程中因信用风险导致的交易损失，将给予高达 3000 元的风险补偿金。易趣网通过技术手段将传统商业固化到网络上，形成了独特的电子商务氛围。易趣网从一个网络交易的信息发布平台转变为交易中介平台。

3. 盈利手段

易趣网的盈利手段也很特别。2001 年 8 月，易趣网开始学习 eBay 的收费模式，向自己的卖家收取每件商品 1～8 元的登录费。据易趣网提供的数据显示，易趣网竞标商品每日出价数从收费前的 2800 次骤升到逾 1 万次；拍卖成交率从 20%持续上升到 60%；日成交金额也从 30 万元上升到近 100 万元，且在以 20%的速度逐月递增。易趣网页上每 30 秒有 1 件新登商品，每 10 秒就有 1 个买家出价，每 60 秒就有 1 件商品成功卖出。累计注册会员数已经达到了 350 万。

4. 增值服务

易趣网开设了企业增值服务。现有增值服务内容：网上支付，物流配送和短信息服务。

其中，网上支付的表现在于易趣网与招商银行、首信、ChinaPay、广州银联、中国银行、中国农业银行、中国建设银行和中国工商银行等合作，提供网上支付服务。物流配送方面，易趣网与 5291.com、快马速递、齐讯速递等物流企业合作，提供面向个人用户的物流解决方案，目前有易付通和易趣推荐速递两种形式。易趣短信息服务有：易趣与中国移动合作共建易趣短信息服务系统，通过订阅短消息，用户可以享受交易提醒、成交通知、买家留言传送等即时功能。

六、创新分析

首先，独特的信用评价体系。

其次，易趣网平台完善。企业中，小至下岗工人的个人创业者都提供了广阔的平台，建立了低成本的销售渠道，让个人、商家及企业直接向消费者出售商品。

第三，联合支付、物流等合作伙伴，为买卖双方提供更完美的交易体验。方便、快捷的网上交易，正越来越受到人们特别是年轻人的喜爱。

第四，网站页面设计的简洁与易用。文件上下传输速度比较快，色调选用也非常注意人体工程学，长时间注视屏幕工作也不会产生疲劳的感觉。

第五，及时更新拍卖商品信息、快速回应拍卖问题。拥有 350 万注册用户，累计成交 235 万件商品，累计成交额达 7.8 亿元人民币。易趣网上以竞价、一口价及定价形式，为个人及大、小商家提供了低成本高流量的销售渠道，为买家提供价廉物美的各式商品，包括计算机、手机、服饰、房产等。

七、总结评点

易趣网一直将成为中国最大的 C2C 电子商务网站作为奋斗目标，从创立至今，易趣网取得了辉煌的成果。作为中国最早成立的 C2C 公司，易趣网无疑占据了巨大的优势，并且凭借这一优势，在中国电子商务的起步阶段，积累了很大数量的客户群。也因此易趣公司被 eBay 看中，成为 eBay 的旗下网站。但是随着国内电子商务的迅速发展和众多 C2C 公司的崛起，易趣网也面临着严峻的市场竞争的考验。能否经受住考验，从竞争中获得最后的胜利，关键在于能否坚持创新。创新对于未来商业世界的企业而言是最为重要的功能，没有创新，就没有进步；没有创新，就没有竞争的资本；没有创新，就没有美好的前景。因此，易趣也认识到了创新的重要性，并且逐步落实到实际工作中。

八、知识与能力创新拓展

类比法就是根据事物在某些方面存在着相似或相同，从而推敲他们在其他方面也可能存在着相似或相同，依此进行创新的一种逻辑方法。淘宝网和易趣网都是 C2C 类型的电子商务网站，在网站设计、网站功能、网站运营等方面都存在相同之处。以两个网站的功能模块为例：

①信息流，淘宝网是以淘宝网作为信息交流平台，以 QQ、阿里旺旺等为辅助交流手段。易趣网是以易趣网作为信息交流平台，以 QQ、E-mail 等为辅助交流手段。都是卖家

发布商品信息，买家通过竞价或一口价购买，发订单，并且协商价格。待价格确定后，卖家发货，买家收到商品验证后确认交易，并且对卖家发表评论，卖家收到评论后，从支付宝上获取资金，并且给予买家评论。

②资金流，都是以支付宝作为唯一的资金流动平台。

③物流，以平邮、EMS、快递等为主要递送方式。

类比法运用于现实生活、学习、工作中的例子举不胜举。生活中，例如你想在网上购买一双鞋，为了买到称心如意的鞋，你肯定会进入网上的不同小店进行挑选，通过类比法选择一双款式、颜色、质地、尺码最适合自己的；学习中，例如同样一堂课讲解易趣网的交易流程，不同的学生课后的表现会截然不同，有的会亲自尝试一下网上购物，有的会上易趣网看看，但仅是看看而已，有的上完课后就忘记了，从类比中可以得知学生学习成绩好坏的真正原因；工作中，例如两个大学生毕业后都进入同一家电子商务网站公司上班，甲吃苦耐劳，兢兢业业，乙自以为是，不思进取，虽然起步一样，但遗憾的是，一年过去了甲升职加薪，乙原地踏步。从两人的类比中可以得出只有付出辛勤的汗水，才会有收获。

综观类比法的各种运用，可以将类比法大致分为 4 类：直接类比法、因果类比法、对称类比法和综合类比法。

1. 直接类比法

直接类比法是从自然界或者已有成果中寻找与创新对象相似的东西，将两者彼此模仿或比较，达到触类旁通。电子商务是随着信息技术和计算机网络技术的发展而逐步开展起来的，虽然它是虚拟的，但与现实交易也并非完全不相关。电子商务网站就像是一个大商场，网站上的不同栏目就像是商场里的一个个小店，网页上展示的商品图片就像是小店里陈列的一件件商品，买家看中自己想买的商品后，若是网上看中的，则通过 QQ、E-mail、MSN 等与卖家商讨价格，若是现实商店里看中的，则与卖家直接面对面地讨价还价，价格谈妥后，网上购物通过网上银行或支付宝交易，现实交易只要直接付款就行了。从以上的类比中可以看出，电子商务并非是凭空出现的，从它的身上可以看到现实交易的影子，不过是借助网络使得它披上了一层神秘的面纱。电子商务是在现实交易的基础上结合网络进行的创新活动，这既是社会生产力发展到一定程度的产物，也是人们消费观念更新的一种体现。

2. 因果类比法

因果类比法是根据两个事物各自属性之间可能存在着相同的因果关系而进行推理的创新方法。讲究诚信是企业的生存之本，不管是现实中的实体企业，还是网上的虚拟企业，都必须讲究诚信。eBay 易趣网为了体现交易信用，赢得顾客的信赖，特意研制了个人信用评价系统，买家和卖家可以对双方交易的过程和结果在网上发表意见；易趣网以此意见为参考，通过自己的数据库进行分析测评，得出卖家的交易诚信度的得分。卖家的得分与诚信度是成正比的，钻石级用户诚信度高，交易笔数大，在交易中获得的收益就更多。这个个人信用评价系统不仅可以督促卖家诚信经营，同时提高了整个网站的诚信度。这就像是现实交易中实体企业提供“责任三包”，保障顾客的利益。易趣网为了表明诚意，甚至承诺对交易过程中因信用风险导致的交易损失，将给予高达 3000 元的风险补偿金。这无疑又提高了它在顾客心目中的诚信度，顾客可以毫无顾忌地、放心大胆地到易趣网上购物。易趣网通过技术手段将传统商业固化到网络上，形成了独特的电子商务氛围。易趣网从一个网络交易的信息发布平台转变为交易中介平台。

3. 对称类比法

自然界中许多事物都存在着对称现象。如物理学的正电荷和负电荷，数学上的正负数等。因此，根据对称性而进行创新的方法称为对称类比法。卖家和买家是两个对称对象，如果没有买家，卖家的商品就卖不出去，如果没有卖家，买家就买不到想要的商品。易趣网是在线交易服务提供商，是买家和卖家的交易中介平台。个人和企业可在易趣网上直接向消费者出售自己的物品，全球任何能够上网并且懂得中文的消费者也可不受时间与地域的限制购买商品。易趣网组建以来一直诚诚恳恳地为网上客户服务，赢得了良好的口碑，被誉为“网上的南京路”，“网上的王府井大街”。如果你亲自去逛逛的话，就会感觉到易趣网在网民心目中的位置了。

4. 综合类比法

根据一个对象要素间的多种关系与另一对象综合相似而进行的类比推理叫做综合类比法。综合类比法是进行创新活动不可多得的好方法，值得每个人去掌握。eBay 易趣网在资源和技术力量缺乏的情况下，积极寻找合作伙伴，除了向自己的卖家收取每件商品 1～8 元的登录费外，还开设了企业增值服务。现有增值服务内容有网上支付、物流配送、短信息服务。网上支付表现为易趣与招商银行、首信、ChinaPay、广州银联、中国银行、中国农业银行、中国建设银行和中国工商银行等合作，提供网上支付服务。物流配送方面，易趣与 5291.com、快马速递、齐讯速递等物流企业合作，提供面向个人用户的物流解决方案，目前有易付通和易趣推荐速递两种形式。易趣短信息服务有：易趣与中国移动合作共建易趣短信息服务系统，通过订阅短消息，用户可以享受交易提醒、成交通知、买家留言传送等即时功能。eBay 易趣网采用综合类比法，深刻明确合作和资源共享的重要性，这为它的成功做了铺垫，打下了坚实的基础。

作业与设计

（1）学习创新技法——类比法，为 4 种类比法各寻找一个实例。

（2）熟悉易趣网的注册流程。

（3）熟悉易趣网买东西和卖东西的操作流程，并且通过易趣网，实际完成一次买或卖的操作。

第9章 环 球 资 源

一、网站介绍

环球资源是一家领先业界的多渠道 B2B 媒体公司，致力于促进大中华地区的对外贸易。公司的核心业务是通过一系列英文媒体，促进大中华地区的出口贸易；同时，通过一系列中文媒体，促进大中华地区的进口贸易。

环球资源一方面为全球买家提供采购信息，另一方面为供货商提供整合营销服务。通过环球资源，超过 544 000 名的活跃买家在复杂的海外市场上进行有效的采购。同时，供货商借助环球资源提供的各种有效媒体，向遍布 230 个国家和地区的买家推广和销售产品。

环球资源提供业界最全面的贸易媒体和出口推广服务，包括 11 个网站、10 本月刊、超过 100 本采购信息报告，以及 14 场展会（包括 6 场 China Sourcing Fair 展览会）。每年，来自逾13万家供货商的超过180万种的产品信息，通过环球资源的各种媒体到达目标买家。仅在环球资源推广网站（www.globalsources.com），买家社群每年向供货商发出的采购查询就已经超过 800 万起。

环球资源拥有 35 年促进国际贸易的成功纪录，植根中国内地也已 25 年。环球资源在中国内地设有 44 个办事处，拥有逾 1 500 名团队成员，通过中文杂志和网站服务超过 100 万读者。

二、网站功能模块

环球资源网的网站布局比较简单明了，首页上没有广告等信息，而只是将各类商品的分类列在了首页上，内容一目了然。其导航栏上共有 13 个商品大类，每个大类中又包含若干个小类，并且只要将鼠标放在该大类上，就会显示所有的小类，操作非常简洁。网站的搜索引擎可分为 3 类进行搜索、即供应商、采购商、新闻消息。首页右边有一列栏目，是环球资源线下服务的介绍，其中包含了环球资源提供的杂志和展会信息。采购商和供应商在网上找到所需要的商品信息后，还可以寻找相关的杂志和展会，促进双方的贸易成功。这种线上线下服务相融合的特点在环球资源网的布局上就得到了充分的体现。

三、网站操作流程

1. 注册

（1）填写商业邮箱，登录账户，密码，公司名称，业务种类等信息，如图 9.1 所示。

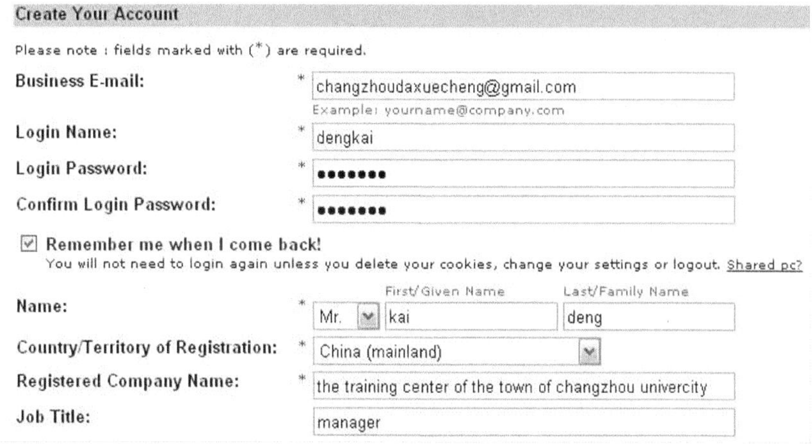

Create Your Account

Please note : fields marked with (*) are required.

Business E-mail:	*	changzhoudaxuecheng@gmail.com Example: yourname@company.com
Login Name:	*	dengkai
Login Password:	*	•••••••
Confirm Login Password:	*	•••••••

☑ Remember me when I come back!
You will not need to login again unless you delete your cookies, change your settings or logout. Shared pc?

			First/Given Name	Last/Family Name
Name:	*	Mr.	kai	deng
Country/Territory of Registration:	*	China (mainland)		
Registered Company Name:	*	the training center of the town of changzhou univercity		
Job Title:		manager		

图 9.1　注册界面

注：以上资料来源于 http://www.globalsources.com/，其相应文字图片，网站的商品及服务商标和商号，为各自权利人所有，这些资料只限用于个人学习研究使用。

（2）选择商品种类。在搜索引擎中输入一个匹配公司经营领域的关键字，网站自动搜集与该经营范围相关的商品分类，选择与公司商品类型相同的选项，如图 9.2 所示。

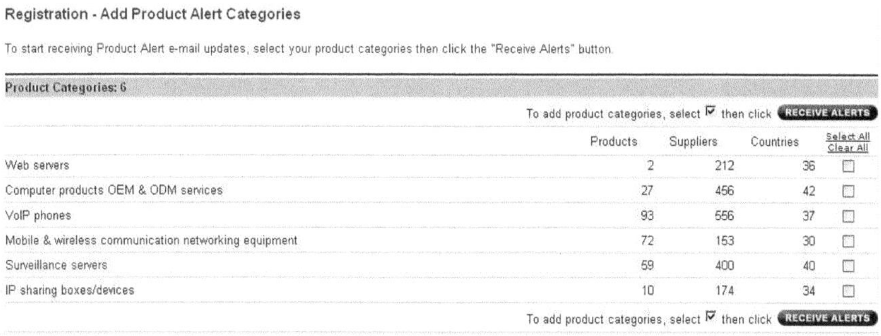

Registration - Add Product Alert Categories

To start receiving Product Alert e-mail updates, select your product categories then click the "Receive Alerts" button.

Product Categories: 6

To add product categories, select ☑ then click RECEIVE ALERTS

	Products	Suppliers	Countries	Select All / Clear All
Web servers	2	212	36	☐
Computer products OEM & ODM services	27	456	42	☐
VoIP phones	93	556	37	☐
Mobile & wireless communication networking equipment	72	153	30	☐
Surveillance servers	59	400	40	☐
IP sharing boxes/devices	10	174	34	☐

To add product categories, select ☑ then click RECEIVE ALERTS

图 9.2　选择商品种类

2. 获取商业信息

环球资源网是一个典型的 B2B 商业网站，网站上提供了各种商品种类的信息，当选择一个商品小类后，网站将自动列出该类商品的商品信息数量和供货商数量，如图 9.3 所示。

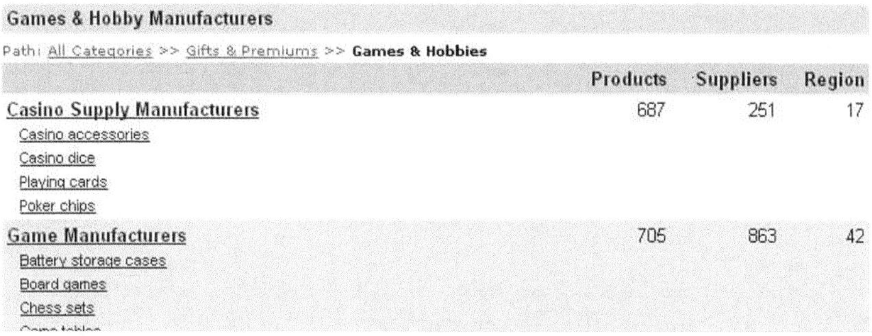

Games & Hobby Manufacturers

Path: All Categories >> Gifts & Premiums >> **Games & Hobbies**

	Products	Suppliers	Region
Casino Supply Manufacturers	687	251	17
Casino accessories			
Casino dice			
Playing cards			
Poker chips			
Game Manufacturers	705	863	42
Battery storage cases			
Board games			
Chess sets			

图 9.3　商品信息数量和供货商数量

四、网站设计分析

1. 总体设计分析

该网站为买家和供应商提供包括产品采购、产品展示、供应商的搜索、展会搜索、市场推广及目录管理的全套产品和服务。同时该公司还出版多种贸易刊物。

2. 栏目设计分析

主要栏目：环球资源网主要分为以下 3 个板块。

（1）产品搜索：该版块提供按照产品类别给出的全球在线产品的类别及每种产品下细类的供应商和所属国家等的信息。在最后一层信息中将会有具体产品的展示和相关公司的基本信息介绍，包括联系方式和公司简介和主要产品介绍等信息，同时该栏目还提供产品的搜索。

（2）供应商搜索：该栏目提供按照产品类别为关键字来搜索供应商名录、搜索供应商名称、按国家地区搜索的服务。另外，该版块还提供按照产品类别浏览供应商和国家的信息功能。

（3）全球搜索：提供按照国家地区路径来搜索的全球商家名录服务。

（4）其他外围服务。

①Trade Shows：提供贸易展会的查询和搜索服务，并且提供近期即将举办的展会介绍和过去展会回顾等信息服务。

②Trade Center：提供最新的贸易新闻、贸易法规、全球产品报价和走势、地址名录、全球贸易组织网站的链接服务和贸易术语等服务。

③Travel Center：提供旅行信息、宾馆打折、公共假日、天气等方面的信息和服务。

④Cargo & Freight Center：提供货运保险、新闻和地址名录等信息。

⑤News Center：提供最新商业新闻和历史商业新闻的服务。

3. 技术分析

承接上一章继续对 JavaScript 脚本语言进行介绍。

JavaScript 可以出现在 HTML 的任意地方。使用标记<script>…</script>，可以在 HTML 文档的任意地方插入 JavaScript，甚至在 HTML 之前插入也不成问题。不过如果要在声明框架的网页（框架网页）中插入，就一定要在<frameset>之前插入，否则不会运行。

基本格式：

```
<script>
<!--
…
(JavaScript 代码)
…
//-->
</script>
```

第二行和第四行的作用，是让不懂<script>标记的浏览器忽略 JavaScript 代码。一般可以省略，因为现在想找不懂 Script 的浏览器，恐怕就连博物馆里也没有了。第四行前边的双反斜杠“//”是 JavaScript 里的注释标号，以后将学到。

另外一种插入 JavaScript 的方法，是把 JavaScript 代码写到另一个文件当中（此文件通常应该用“.js”作扩展名），然后用格式为“<script src="javascript.js"></script>”的标记把它嵌入到文档中。注意，一定要用“</script>”标记。

如果想在浏览器的“地址”栏中执行 JavaScript 语句，用这样的格式：

```
javascript: <JavaScript语句>
```

这样的格式也可以用在连接中：

```
<a href="javascript: <JavaScript语句>">...</a>
```

（1）JavaScript 基本语法。

每一句 JavaScript 都有类似于以下的格式：

```
<语句>;
```

其中分号“;”是 JavaScript 语言作为一个语句结束的标识符。虽然现在很多浏览器都允许用回车充当结束符号，培养用分号作结束的习惯仍然是很好的。

语句块：语句块是用大括号“{ }”括起来的一个或 *n* 个语句。在大括号里边是几个语句，但是在大括号外边，语句块是被当作一个语句的。语句块是可以嵌套的，也就是说，一个语句块里边可以再包含一个或多个语句块。

（2）JavaScript 中的变量。

①什么是变量。从字面上看，变量是可变的量；从编程角度讲，变量是用于存储某种/某些数值的存储器。所储存的值，可以是数字、字符或其他的一些东西。

变量的命名有以下要求：只包含字母、数字和/或下划线；要以字母开头；不能太长；不能与 JavaScript 保留字数量繁多，不能一一列出；凡是可以用来做 JavaScript 命令的字都是保留字）重复。

而且，变量是区分大小写的，例如，variable 和 Variable 是两个不同的变量。不仅如此，大部分命令和“对象”都是区分大小写的。

提示：给变量命名，最好避免用单个字母“a”“b”“c”等，而应改用能清楚表达该变量在程序中的作用的词语。这样，不仅别人能更容易地了解你的程序，而且在以后要修改程序的时候，也会很快记得该变量的作用。变量名一般用小写，如果是由多个单词组成的，那么第一个单词用小写，其他单词的第一个字母用大写。例如：myVariable 和 myAnotherVariable。这样做仅是为了美观和易读，因为 JavaScript 一些命令都是用这种方法命名的：如 indexOf、charAt 等。

变量需要声明：没有声明的变量不能使用，否则会出错：“未定义”。声明变量可以用：

```
var <变量> [= <值>];
```

var 是我们接触的第一个关键字（即保留字）。这个关键字用作声明变量。最简单的声明方法就是“var <变量>;”，这将为<变量>准备内存，给它赋初始值“null”。如果加上“= <值>”，则给<变量>赋予自定的初始值<值>。

②数据类型。变量可以用的数据类型有以下几种。

整型：只能储存整数。可以是正整数、0、负整数，可以是十进制、八进制、十六进制。八进制数的表示方法是在数字前加“0”，如“0123”表示八进制数“123”。十六进制则是加“0x”，如“0xEF”表示十六进制数“EF”。

浮点型：即“实型”，能储存小数。有资料显示，某些平台对浮点型变量的支持不稳定。没有需要就不要用浮点型。

字符串型：是用引号“" "”、“' '”包起来的零个至多个字符。用单引号还是双引号由程序员决定。跟语文一样，用哪个引号开始就用哪个结束，而且单双引号可嵌套使用，如‘这里是"JavaScript 教程"。’不过跟语文不同的是，JavaScript 中引号的嵌套只能有一层。如果想再多嵌一些，就需要转义字符。

转义字符：由于一些字符在屏幕上不能显示，或者 JavaScript 语法上已经有了特殊用途，在要用这些字符时，就要使用“转义字符”。转义字符用斜杠“\”开头：\'单引号、\"双引号、\n 换行符、\r 回车（以上只列出常用的转义字符）。于是，使用转义字符，就可以做到引号多重嵌套：如‘Micro 说："这里是\"JavaScript 教程\"。"’。

布尔型：常用于判断，只有两个值可选：true（表示“真”）和 false（表示“假”）。true 和 false 是 JavaScript 的保留字。它们属于“常数”。

由于 JavaScript 对数据类型的要求不严格，一般来说，声明变量的时候不需要声明类型。而且就算声明了类型，在过程中还可以给变量赋予其他类型的值。声明类型可以用赋予初始值的方法做到，如：

```
var aString = '';
```

这将把 aString 定义为具有空值的字符串型变量。

```
var anInteger = 0;
```

这将把 anInteger 定义为值为 0 的整型。

③变量的赋值，一个变量声明后，可以在任何时候对其赋值。赋值的语法是：

```
<变量> = <表达式>;
```

其中“=”称作“赋值符”，它的作用是把右边的值赋给左边的变量。

（3）JavaScript 常数。

JavaScript 常数有下列几个。

null：一个特殊的空值。当变量未定义，或者定义之后没有对其进行任何赋值操作，它的值就是“null”。企图返回一个不存在的对象时也会出现 null 值。

NaN：“Not a Number”。出现这个数值比较少见，以至于可以不理它。当运算无法返回正确的数值时，就会返回“NaN”值。NaN 值非常特殊，因为它“不是数字”，所以任何数跟它都不相等，甚至 NaN 本身也不等于 NaN。

true：布尔值为“真”。用通俗的说法即“对”。

false：布尔值为“假”。用通俗的说法即“错”。

五、网站经营分析

环球资源网的独特成功之处在于能给买家提供供应商信息，而且这种信息提供不仅在网站上。环球资源网不会强迫买家选择某一种载体，而是会根据他们的使用习惯和需求提供网络、杂志、展会等多种传递信息载体。从这个角度讲，环球资源网还没有直接竞争对手。而且，环球资源与阿里巴巴等网站的区别很大，环球资源网只专注于国际贸易。然而，环球资源网不可避免地承受着来自中国国内最大的B2B电子商务公司——阿里巴巴的竞争，尤其是2006年阿里巴巴与全球搜索巨头雅虎的进一步合作，这种竞争压力更加巨大。也因此环球资源网转而与国内一家知名B2B企业——慧聪网携手合作，以面对来自同一竞争对手的压力。

环球资源网提供的信息咨询收费并不便宜，但它却很有效。因此，中小企业应该充分利用。环球资源网一般会给企业提出一个出口推广的全面解决方案，不主张企业只局限在网上或杂志上单一传递信息。全球贸易过程中的低效率问题，很大程度上与信息缺乏有关。买家往往是通过杂志、网站和面对面等渠道获得信息。据统计，97%的买家从多种媒体渠道寻找供应商的重要性，有83%的买家阅读B2B杂志，68%的买家访问B2B网站，76%的买家参观B2B商展。这就是有些客户在单一媒体上发布一年的信息，可能还没有在多种媒体上发布两三个月信息更有效的原因。正因为如此，环球资源利用自身拥有的网站、杂志、展会等媒体渠道，为广大供应商提供更广阔的销售途径。

六、创新分析

环球资源网从创立至今的发展过程中，一直强调供应商的品牌意识。在进入中国市场以后，环球资源网不断引导中国企业树立品牌意识，不要沉迷于低价竞争。通过建立企业的自有品牌、加强服务、提高质量等来增强自己的竞争力。另外，环球资源网增加对供应商的培训，建议企业多元化开拓境外市场，建议客户多开发那些不受配额限制的产品。同时，通过环球资源网的强大线上线下媒体渠道，帮助供应商寻找新的买家。

环球资源网的最大优势在于它本身所拥有的媒体渠道，展会、杂志，作为线下最主要的信息流通渠道，环球资源网站凭借这个优势，创造了网站+展会这一模式，并且得到了巨大的成功。互联网网站虽然能够帮助买家寻找成千上万的供应商，却不能帮助他们对产品进行有效的对比，而且供应商的网站质量参差不齐，常常令买家感到麻烦。环球资源网为了克服这种问题，将网站与展会相结合。买家通过网站寻找自己满意的供应商，然后在展会上直接到这些供应商的展台上进行当面交流，并且对提供同类商品的不同供应商进行比较，找到最合适的供应商。

七、总结评点

环球资源网作为全球500强企业之一，其超强的线下营销手段一直为人所津津乐道。而环球资源网作为环球资源互联网战略的重要平台，凭借其线下营销优势得到了迅速的发展。2万美元的年费和来自230个国家的50多万采购商，更是说明了环球资源网的成功。

但是，环球资源网在中国的发展却不是一帆风顺的。由于中国采购商和欧美采购商在观念上的差异，中国采购商首先注重的是价格，其次是质量，然后才是信用。而欧美的采购商大多首重质量和信用，以及是否能建立长期合作，对价格因素则不作为首要考虑。这一差异造成很多中国供应商在环球资源网上的询盘量并不如预期的多，与在阿里巴巴上雪花般的询盘形成了鲜明的对比。为了更好的适应中国市场，环球资源网一方面在国内与慧聪网展开全面合作，利用慧聪网的本土优势抢占中国市场；另一方面，则引导中国供应商建立品牌意识，逐渐走出低价竞争的误区，与国际市场运作接轨。

八、知识与能力创新拓展

世界源于创新，信息技术源于创新，电子商务源于创新，创新是一切存在的源泉。创新可以改变命运，创新可以带来生机，创新可以成就事业，创新造就了宇宙万物。人们在长期的创新实践中，日积月累，积累了很多宝贵的创新技能和方法。除了上述几种常用的创新方法之外，还有以下几种创新方法。

1. 仿生学

仿生学是一门新兴的边缘学科，是近些年来从生物科学技术之间发展起来的。通过研究各种生物系统的功能原理作用机制，利用仿生学原理来进行创新的一种方法。例如，现在盛行的网络游戏之所以能吸引这么多的玩家，关键在于游戏中栩栩如生的人物形象和高精尖的武器装备。电子蛙眼就是根据蛙眼的视觉原理研制成功的，它能准确无误地识别出对手所在的战略位置、武器装备以及战略部署，有助于制定可靠有效的战略计划，取得游戏的成功。这种电子蛙眼不仅运用在网络游戏中，在现实生活中的运用也很广泛。把电子蛙眼装入雷达系统后，雷达抗干扰能力大大提高。还可以应用在机场或交通要道上，在机场，它能监视飞机的起飞与降落，若发现飞机将要发生碰撞，能及时发出警报。在交通要道，它能指挥车辆的行驶，防止车辆碰撞事故的发生。如果没有仿生学的大力支持，网络游戏不会获得如此成功，人们也无法享受到仿生学带来的安全保障和生活乐趣。

2. 物场分析法

物场分析法是一种逻辑性程序化的创新方法。物场是指物与物之间在场效应作用下相互作用和影响的关系。一个技术体系中至少需要一个场。其关系物场＝物 1－物 2，这里所指的物是被研究的对象，均是为解决问题所施加的一些技术条件，通过完善和补充技术体系中物场关系达到创新的目的。例如，利用物场分析法解决手机外界信息干扰的检测问题。

3. 观察法

观察法是一种应用十分广泛的最古老的科学研究方法。从古到今在自然科学中如天文、气象、地质等都是靠观察法逐步发展起来的，在中医药应用领域中起着举足轻重的作用。观察法分为：凭借人感官的直接观察、借助仪器的间接观察、定性方面的质的观察、把握量的关系的定量观察。为了提高观察效果，在观察中必须遵循一些基本原则：客观性、全面性、典型性、辨证性等。只有认真遵循这些观察原则，才能得到可贵的材料，进行创新研究，得到创新的成果。环球资源网之所以获得巨大的成功，是因为它具有得天独厚的优势。大多数电子商务网站只注重线上的交易，把网络作为唯一的媒介渠道，供应商和采购商只能通过网站公布的一些信息来了解情况，这可能导致信息的流失和滞后。环球资源网通过对电子商务网站境况的仔细观察，决定采取线上线下相结合的方式为采购商提供供应商的信息。它不强迫采购商选择某一种载体，而是根据他们的使用习惯和需求，提供网络、杂志、展会等多种传递信息载体，创造了网站+展会这一创新模式，这种模式至今在电子商务网站领域还是独一无二，遥遥领先的。仔细、全面、认真的观察，不仅为环球资源网寻找到了一条光明的发展之路，而且也成为它区别于其他电子商务网站夺得竞争优势关键所在。

4. 实验法

实验法也是一种应用广泛的创新研究方法。它是在特定条件下，对研究对象进行考察的创新方法。根据研究对象的形状与要求，可分别采用以下实验的方法，利用定性实验去鉴别是与否；用定量实验确定量的关系等。电子商务网站从无到有经历了很长一段时间的研究探讨。虽然各种技术已经基本成熟，但能否将几种技术有机地整合起来创造出新的一种网络贸易形式还是个未知数。第一批技术人员在人们质疑的讨论中开始了他们的研究，他们经过不断地实验，一个一个问题地解决。与其说电子商务是虚拟的，不如说它是从实验中提炼出来的。

5. 信息法

随着科学技术的突飞猛进，每天都有大量的新信息通过各种媒介传播，信息已成为人们创造的重要资源。谁在第一时间掌握的信息越多，谁成功的几率就越大。通过收集高质量的信息，可以全面地认识某一创新领域或创造链的发展态势，进而找出新的创新课题，获得新的创新成果。现在的电子商务网站都是以海量信息著称的，换言之，没有找不到的，只有想不到的。信息量越多，给买家和供应商提供的合作机会就越多，加入到网上交易的企业也就越多了，网站的人气和收益也就越高。

创新技法来源于创新活动，又服务于创新活动。只要世界存在，人类存在，创新活动就不会终止，创新技法的队伍会越来越壮大，也会越来越成熟。中国的电子商务网站只走了万里长城的第一步，以后的路还很长，面临的竞争压力会更大，只有发扬创新精神，保持创新激情，坚持创新，中国的电子商务网站才能茁壮成长，才能在激烈的竞争中取得胜利。

作业与设计

（1）通过对环球资源网和阿里巴巴网的认识，谈谈你对 B2B 电子商务的理解。

（2）假设你建设了一个 B2B 电子商务网站，你将采取何种策略去推广这个电子商务网站，请详细描述你的策略。

第 10 章 阿 里 巴 巴

一、网站介绍

阿里巴巴（如图 10.1 所示）成立于 1999 年 9 月，在过去的 8 年中，阿里巴巴成功发展了企业间（B2B）电子商务、C2C 电子商务领域、第三方支付，整合了雅虎中国，收购了口碑网，创办了阿里软件、阿里妈妈等。

图 10.1 阿里巴巴界面

1. 阿里巴巴（中国）网络技术有限公司

阿里巴巴网络有限公司（香港联合交易所股份代号：1688）为阿里巴巴集团的成员之一，是全球领先的 B2B 电子商务公司。其国际交易市场（www.alibaba.com）集中服务全球的进出口商，而中国交易市场（www.alibaba.com.cn）则集中服务中国当地贸易的供应商与买家，交易市场形成一个拥有来自 200 多个国家和地区的超过 2700 万名注册用户的网上社区。全球首家拥有百万商人的商务网站。在全球网站浏览量排名中，稳居国际商务及贸易类网站第一，遥遥领先于第二名。

良好的定位，稳固的结构，优秀的服务使阿里巴巴成为全球商人网络推广的首选网站，“倾听客户的声音，满足客户的需求”是阿里巴巴生存与发展的根基。调查显示：阿里巴巴的网上会员近五成是通过口碑相传得知阿里巴巴并且使用阿里巴巴的；各行业会员通过阿里巴巴商务平台双方达成合作者占总会员比率近五成。杰出的成绩使阿里巴巴受到各界人士的关注：2000 年 11 月，《远东经济评论》读者评选阿里巴巴为“最受欢迎的 B2B 网站”；WTO 首任总干事萨瑟兰出任阿里巴巴顾问；美国商务部、日本经济产业省、欧洲中小企业联合会等政府和民间机构均向本地企业推荐阿里巴巴；它曾两次被哈佛大学商学院选为 MBA 案例，在美国学术界掀起研究热潮，两次被美国权威财经杂志《福布斯》选为全球最佳 B2B 站点之一，多次被相关机构评为全球最受欢迎的 B2B 网站、中国商务类优秀网站、中国百家优秀网站、中国最佳贸易网，被国内外媒体、硅谷和国外风险投资家誉为与 Yahoo、Amazon、eBay、AOL 比肩的 5 大互联网商务流派代表之一。其创始人、首席执行官马云也被著名的“世界经济论坛”选为“未来领袖”、被美国亚洲商业协会选为“商业领袖”，并且曾多次应邀为全球著名高等学府麻省理工学院、沃顿商学院、哈佛大学讲学，是 50 年来第一位成为《福布斯》封面人物的中国企业家。

2. 淘宝网基本介绍

淘宝网（www.taobao.com）是国内领先的个人交易网上平台。淘宝网，顾名思义——没有淘不到的宝贝，没有卖不出的宝贝。自成立以来，淘宝网基于诚信为本的准则，从零做起，在短短的几年时间内，迅速成为国内网络购物市场的第一名，占据了中国网络购物 70%左右的市场份额，创造了互联网企业发展的奇迹。

（1）淘宝网的电子商务交易模式。淘宝网目前的商圈有 3 大块：淘宝集市、品牌商城、二手及闲置。淘宝集市的主要卖家是没有实体店铺的个体，他们利用这个免费的平台，销售商品或服务，获得一定的收益回报，淘宝网站是许多人创业的试验地；品牌商城的主要卖家是在工商局注册了的有实体店面的零售商，淘宝网为他们提供了另一条销售渠道；二手及闲置是消费者个人处理闲置物品的平台，目前主要涉及收藏品，交易额只占到淘宝总交易额的 10%。在这 3 个商圈中，淘宝集市和二手闲置属于 C2C 模式，品牌商城属于 B2C 模式。在一个平台上整合两种模式，意味着人为划分的电子商务交易模式可以相互融合，并不存在界限。

（2）淘宝网的基本功能。淘宝网站的基本功能分为“我要买”、“我要卖”、“我的淘宝”、社区及其他。“我要买”主要为买家提供搜索、购买宝贝服务；“我要卖”为卖家提供开店、出售宝贝服务；“我的淘宝”是后台操作的入口，可以进行交易管理和个人信息管理。社区提供行业信息、商盟信息、论坛和淘宝大学等服务。除了这些，还有客服中心、诚信安全、购物指南等帮助买家卖家进行交易及操作的服务专区。

（3）淘宝 B2C 上线。由淘宝 B2C 事业部倾力打造的淘宝商城 B2C 全新平台于 2008 年 3 月 28 日 18 时内测上线。电子商务从此有了更宽广的舞台。2008 年 4 月 10 日起，B2C 新平台向社会开放。B2C 新平台的连接是 http://www.mall.taobao.com。

3. 支付宝简介

无论是阿里巴巴网站或是淘宝网，每天都有成千上万的交易发生，为了解决网上买卖双方达成交易后的支付问题，阿里巴巴公司开发了安全、快捷的网上支付平台——支付宝。

支付宝是中国最大的第三方网络支付平台，是阿里巴巴公司针对网上交易而特别推出的安全付款服务。支付宝服务于 2003 年 10 月在淘宝网推出，经过不断的改进，其功能日趋完善。2004 年 12 月支付宝公司正式成立，其宗旨是借助于阿里巴巴、淘宝网、雅虎等业内强大的资源群和品牌资源，致力于为网络交易用户提供优质的安全支付服务，从而推动电子商务的发展。

可以说支付宝的实质是以其为信用中介，在买家确认收到商品前，由支付宝替买卖双方暂时保管货款的一种增值服务。正是由于这一因素，使得从事网络贸易者坦然地利用网络进行交易，解除了网络交易者最为担心的支付安全问题。

4. 中国雅虎简介

2005 年 8 月 11 日，阿里巴巴（中国）网络技术有限公司在北京宣布，全面收购雅虎中国全部资产，其中包括雅虎中国门户网站（www.yahoo.com.cn）、搜索门户“一搜”（www.yisou.com）、在线拍卖业务（www.1pai.com.cn）、3721 网络实名服务、媒介与广告销售、无线业务与移动应用、雅虎电子邮箱、即时通信工具“雅虎通”以及雅虎互联网品牌在中国的独家使用权。

雅虎公司（www.yahoo.com）同时宣布，与阿里巴巴（中国）网络技术有限公司达成战略联盟关系，雅虎出资 10 亿美金成为阿里巴巴公司的股东之一。阿里巴巴也将因此享有雅虎公司的搜索技术平台，内容资讯以及其遍布全球的渠道资源在中国的独家使用权。

依托雅虎国际领先的搜索技术（YST 技术）和阿里巴巴的本地化策略，雅虎本着让人们可以找到、使用、分享、扩展所有知识的目的，致力打造“中国人做的面向全世界的最好的搜索”。

5. 阿里软件简介

阿里巴巴软件（上海）有限公司（以下简称：阿里软件）是中国最大电子商务网站阿里巴巴集团继成立“阿里巴巴”、“淘宝”、“支付宝”、“雅虎”后，于 2007 年 1 月 8 日成立的第 5 家子公司，致力于为中国 3000 多万中小企业提供买得起、用得上、用得爽的在线软件服务。

阿里软件集阿里巴巴 7 年电子商务经验结晶，通过与全球软件巨头微软公司达成战略合作，充分整合利用互联网、通信和软件的聚合优势，站在软件行业的技术尖端，以“让天下没有难管的生意”为使命，将电子商务与在线软件服务融为一体，彻底颠覆中国传统软件靠卖产品为中心的模式，为中小企业提供“最方便、最灵活、最简洁和最便宜”的一站式在线软件工具，涵盖中小企业电子商务工具、企业管理工具、企业通信工具和办公自动化工具。

阿里软件基于国际最新的 SAAS（Software as a Service）模式充分利用互联网，让中小企业用户对软件做到先尝试后购买，用多少付多少，无须安装，即插即用。同时，还可根据行业、区域轻松地为用户做大规模需求定制，用更为实惠的软件服务形式大大降低了中小企业管理软件的使用门槛，让他们轻松拥有和大中型企业同台竞争的武器。

阿里软件通过互联网的优势加快中国软件业发展，迅速扩大了用户使用规模，致力于打造中国最大的在线软件服务平台。

6. 口碑网简介

口碑网是全国最大的本地化“吃、住、玩”生活社区之一，自 2004 年 6 月成立以来，一直致力于服务百姓，做百姓的生活好向导。2006 年 10 月，全球最佳 B2B 平台阿里巴巴集团正式战略投资口碑网。

口碑网寓意口碑相传。邻里街坊的介绍可能胜过铺天盖地的产品广告，亲朋好友的推荐更能胜过商场超市的优惠打折，这就是口碑的力量。口碑网基于诚信的基本原则，为商家与百姓搭建有效的信息沟通平台，短短 2 年多时间，已迅速成长为国内分类信息的领头羊。

目前，口碑网旗下两大频道“餐饮休闲”、“房产交易（易赁房产）”都在同类网站中居首位。其中地图找店和品客点评是口碑餐饮休闲的两大特色功能，为用户本地化生活提供更加便利和趣味的服务；易赁房产则为百姓提供出租、求租、二手房买卖的发布、查询和交易服务，并且拥有国内分类信息领域完善的诚信体系。而本地搜索是口碑网提供给用户又一大重要服务功能，它为老百姓查找各种生活信息提供了更加便捷的途径，并且正引领着业内的发展方向！

口碑网已经成为众多大中城市百姓的首选生活社区，并且获得多个机构评选的“商业百强网站”、“成长最快商业网站”、“全国创新十强”、“最具商业价值 50 强”、“最佳 Web 2.0 网站”等奖项。

口碑网的远景目标是成为全球最大的本地化生活社区，这是口碑网存在的根本基石，口碑正是以能为人们提供最方便快捷真实可信的生活的各类相关信息为使命。

7. 阿里妈妈简介

阿里妈妈（www.alimama.com）是一个全新的交易平台，它首次引入“广告是商品”的概念，让广告第一次作为商品呈现在交易市场里，让买家和卖家都能清清楚楚地看到。广告不再是一部分人的专利，阿里妈妈让买家（广告主）和卖家（网站主）轻松找到对方!

阿里妈妈的使命：让天下没有难做的广告!

阿里妈妈致力于帮助广告主轻松买到称心如意的广告；推动实现互联网广告的价值，合理开发广告资源，让网站主能够获得实实在在的利益；打造安全高效的网络交易平台；倡导并且致力于建设一个公开、透明的广告交易市场，体现诚信、互动、公正的特色；坚决抵制互联网广告的欺诈行为，例如恶意点击、虚假投放、夸大效果等；打造诚信互评体系，全心营造诚信社区，让广告主和网站主放心交易。

阿里妈妈网站于 2007 年发布，为满足广告主和网站主不同的需求，目前主要提供多种广告计费方式：按时长计费和按点击计费；两种广告形式：文字链接和图片广告。阿里妈妈网很快会陆续推出更多广告形式和计费方式供用户选择。

8. 阿里学院：中国第一个企业商学院

2004 年 9 月 10 日，阿里巴巴和杭州电子科技大学、英国亨利商学院联合成立阿里学院。阿里学院是中国互联网行业中第一个企业商学院。学院成立的宗旨是“把电子商务还给商人”。帮助中小型企业和广大网商真正掌握并且成功运用电子商务理念和使用电子商务平台，获得商业上的成功，提高企业的综合竞争力。阿里学院在不断的探索与实践中逐步形成了在线培训、现场授课和培训认证三位于一体的教学模式。

阿里巴巴电子商务认证（简称阿里认证）是由全球知名电子商务平台——阿里巴巴推出的专业技能认证。获得该认证，表明获证者具备操作阿里巴巴旗下各商务平台（包括阿里巴巴中国站、阿里巴巴国际站、支付宝、淘宝）的能力，具备相应的网络商务能力。阿里认证分初级、中级和高级共 3 个层次，初级认证于 2006 年 4 月正式推出。

目前阿里学院提供的主要培训服务有：线上培训、阿里电子商务认证、电子商务应用人才推荐、阿里学院在线学习课程。

阿里巴巴集团董事会主席马云表示：“我们致力为中国及亚洲的中小企业打造电子商务的基础建设，并且创建一套阿里巴巴电子商务生态系统。我们将为我们的客户、员工和股东创造长远的持续增长的价值。”

二、网站功能模块

1. 信息流

以阿里巴巴网为信息交流平台。以贸易通为辅助的交流工具。

阿里巴巴网主要是作为商家和买家的商品供求信息交流的一个平台。商家将自己的商品的价格，最小订单数量，以及其他商品信息发布到网站上，买家在阿里巴巴网上获取该商品信息后，通过贸易通与商家联系（若商家不在线，则可留下站内留言）。当双方确定最终价格并且完成支付手续后，买卖双方互相给予评论。

2. 资金流

以支付宝为主要资金流动手段，还有银行转账，汇款等方式。

买家将资金预先存入支付宝中，待收到商品并且验证后，确认交易，由支付宝将资金转入商家账户中。

3. 物流

以物流、平邮、EMS、快递等为主要流通方式。

实体商品由商家直接以物流、平邮、快递等方式发给买家。虚拟物品直接通过网络（电子邮件、文件传输等）由商家发给买家。

三、网站操作流程

1. 注册和登录

（1）注册。

①填写注册信息，如图 10.2 和图 10.3 所示。

会员登录名和密码

会员登录名：

密码：

姓名和联系方式

真实姓名：

性别： 先生 女士

电子邮箱：

固定电话：

传真

手机

图 10.2　会员注册信息

注：以上资料来源于 http://China.alibaba.com/，其相应文字图片，网站的商品及服务商标和商号，为各自权利人所有，这些资料只限用于个人学习研究使用。

图 10.3 公司注册信息

②进入邮箱查收验证信，完成注册。

（2）登录，如图 10.4 所示。

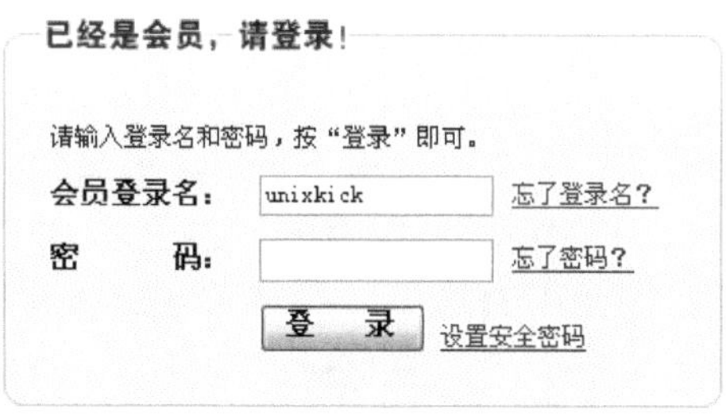

图 10.4 会员登录界面

2. 发布信息

当登录以后，就会进入阿里巴巴网的用户管理界面——阿里助手，如图 10.5 所示。

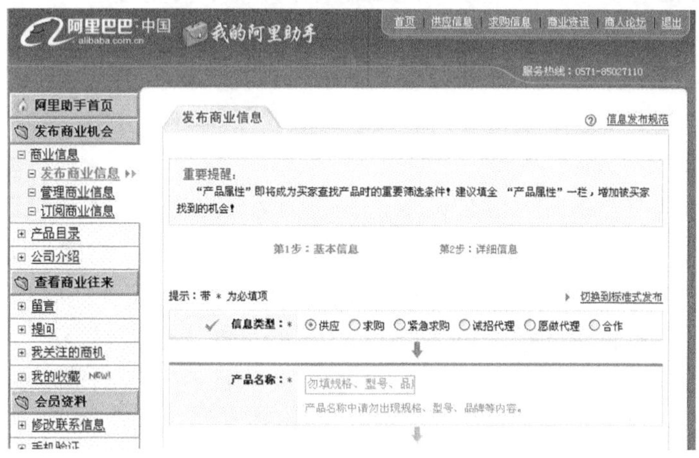

图 10.5 阿里巴巴的用户管理界面

3. 管理订单

如果已经订购了中意的商品，则可在阿里助手的交易管理项中管理各项交易的订单，如图 10.6 所示。

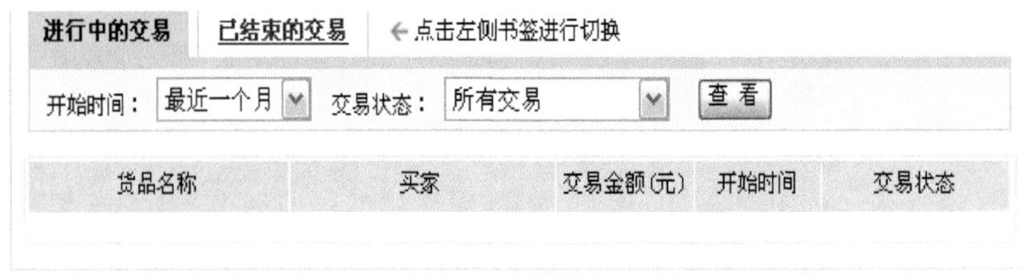

图 10.6　管理订单

4. 支付

当最终确定执行交易的时候，可使用支付宝进行资金转账。

四、网站设计分析

1. 总体设计分析

阿里巴巴网站是以提供各种各样的商业信息为主体，同时兼顾销售的网站。该网站几乎涵盖了所有方面的商品交易（合法的）。网站以其小号的字体提供了海量的信息。不仅如此，还可以搜索自己关心的商品，为浏览者留下更广阔的余地。

阿里巴巴网站的网页是以 HTML 语言编写的。由于是 B2B 型的电子商务网站，站内的主要内容为各种商业信息。因此用 HTML 语言就能很好地实现网站所需要的功能。

商业信息的分类主要分为 4 个大类：原材料、工业品、消费品、商务服务。每个大类又分为十多个小类。

2. 栏目设计分析

网站主要包括：商人论坛、商业资讯、商友博客、还有一大块市场分类。

在各大板块中还有多个栏目细分，精细的划分方便了浏览者，节约了查找时间。在每个小栏目的下面又包含着相当多的栏目。每个都有着不同程度的细化，便于消费者查找。

该网站以 3 类为主体。每类分别设有子目录，可提供更多的连接，满足浏览者和消费者的需求，通过连接直接进入查询和消费过程，使得系统更加流畅、明朗。

3. 技术分析

HTML 的全称是 Hypertext Markup Language,中文名称是超文本标记语言，简单地讲它就是所有的 Internet 站点共同的语言，所有的网页都是以 IITML 格式的文件为基础，再加上一些其他语言工具（如：JScript、VBScript、Java、Applet 等）构成的。这些文件除了一些基本的文字外，还包含了一些标签（TAG），这些标签均由“<”和“>”符号以及一个字符串组成，如下面程序中粗体字均为 HTML 文件的标签，而浏览器的功能是对这些标签进行解释，显示出文字、图像、动画以及播放声音。以下面的例子引入对 HTML 的做简单介绍。

```
<html>
<head>
<title>教学网页</title>
</head>
<body bgcolor="#ffffff">
<p>我们开始上课了</p>
</body>
</html>
```

注意：上面的那些标签都是成对出现的，例如<htmL></htmL>,<title></title>。它们的主要功能就是告诉浏览器如何处理在这两个标签之间的信息。例如，在上面的程序中：<title>教学网页</title>就是告诉浏器本页的标题为“教学网页”，标题是从<title>开始到</title>结束，这结束后浏览器会继续解释下个标签。但是<html></html>必须包含所有的其他标签，但并不是所有标签都能包含别的标签。

简单的 HTML 语言功能如下。

（1）设置标题。每一个网页都应有标题，有时在网上看见别人的网页的标题是 newpage1/untitled 等，这就是没有给网页设置标题而启用的默认的网页标题。

设置网页的标题为：

```
<html>
<title>我的第一个网页</title>
```

但是要注意这一段文字应该放在每个网页的最前面，这个标题是显示在浏览器的标题栏中的，当然在这之前还得先告诉浏览器这里是 HTML 语言，所有<HTML>标签是一定要写的。

（2）添加题目与段落。在 HTML 语言里面有 6 种标题，分别为<H1><H2><H3><H4><H5><H6>。字体 1 最大，依次减少，6 最小。例如语句：

```
<H1>最大的题目<H2><p></p><H2>第二大的题目<H2><br><H4>第四大的题目<H4>
<p><b>大家注意了我要编网页了</b></p><p><em>HTML 就这么简单早知道我就......</em></p>
```

上面<p></p>是换行标记符，相当于回车键换行，
也是换行符相当于 Shift+Enter 键换行，<b></b><em></em>都是强调符，也就相当于字体加粗。

（3）设置超链接。正是因为有了超链接，才能将 Internet 叫做互联网，所以超链接的设置是整个网络设计/布局的核心。可以说好的链接能给人以轻松的感觉，来去方便。例如：

```
<a href="index.html">欢迎进入***主页</a>
```

上面的超链接标记为<a></a>，要去的页面用 href="***.html"。

（4）设置图像。

```
<img src="you.jpg" width="200" height="50" alt="你关掉了浏览器的图像功能">
```

width 用来指定宽度，height 用来指定高度，alt 用来代替关掉了浏览器的图像功能的用户看到这段文字，让用户知道这里是什么。

（5）背景和文本颜色。窗口背景可以用下列方法指定：

```
<body background="image-url">
<body bgcolor=# link=# vlink=#>
```

前者指定填充背景的图像，如果图像的大小小于窗口大小，则把背景图像重复，直到填满窗口区域。后者指定的是十六进制的红、绿、蓝。例如#FFFFFF 为白色，#000000 为黑色，当然这些数字是不用记的，只记得几个常用的就行了。bgcolor：背景颜色；text：文本颜色；link：链接指针颜色；alinik：活动的链接指针颜色；vlinik：已访问过的链接指针颜色。

五、B2B 网站架构及运营方式

阿里巴巴是电子商务信息服务的第三方平台提供商。其 B2B 业务主要分为中文、国际（英文）和日文网站，阿里巴巴中文网站（www.alibaba.com.cn）是阿里巴巴主要的信息服务平台及主要业务来源，网站将企业发布的供应信息整合分类成 40 多个行业类目，10 大搜索功能频道，6 个辅助功能频道，使企业用户获得大量的信息服务；英文国际网站（www.alibaba.com）主要面向全球商人，重点为中国出口型生产企业提供“中国供应商”服务，开展在全球市场的业务推广；阿里巴巴与日本的企业、银行及贸易组织合作于 2002 年 10 月成立阿里巴巴日文网站。日文网站主要面向产品质量符合出口日本行业标准的进出口贸易企业，涉及 26 大类，1000 个小类。

截至 2007 年 2 月 28 日，阿里巴巴中文网站注册会员总量约 1800 万，单日最高新增注册会员数约 2.8 万，注册会员中的买家资源约 1100 万；日最高浏览量超过 5000 万。阿里巴巴国际站拥有 230 万注册企业会员，覆盖超过 200 个以上国家和地区，每天有 1300 个新公司发布，每天有 3800 个新产品发布。阿里巴巴是全球最大的 B2B 贸易市场。

阿里巴巴中文站的主要信息服务栏目包括以下几个方面。

（1）商业机会，有 40 个行业 700 多个产品分类的商业机会供查阅，通常提供大约 50 万供求信息。

（2）产品展示：按产品分类陈列展示阿里巴巴会员的各类图文并茂的产品信息库。

（3）公司全库：公司网站大全，目前已经汇聚 4 万多家公司网页。用户可以通过搜索寻找贸易伙伴，了解公司详细资讯。会员也可以免费申请自己的公司加入到阿里巴巴“公司全库”中，并且链接到公司全库的相关类目中方便会员有机会了解公司全貌。

（4）行业资讯：按各类行业分类发布最新动态信息，会员还可以分类订阅最新信息，直接通过电子邮件接收。

（5）价格行情：按行业提供企业最新报价和市场价格动态信息。

（6）以商会友：商人俱乐部。在这里会员交流行业见解，谈天说地。其中咖啡时间为会员每天提供新话题，为会员分析如何做网上营销等话题。

（7）商业服务：航运、外币转换、信用调查、保险、税务、贸易代理等咨询和服务。这些栏目为用户提供了充满现代商业气息，丰富实用的信息，构成了网上交易市场的主体。

六、阿里巴巴的电子商务业务模式

阿里巴巴网站实行会员制度，会员企业可以通过网站阅读行业新闻，了解行业市场动态，及时掌握供求状况，查询和发布供求信息。会员采购商和供应商通过阿里巴巴网站进行自由供需对接，达成企业间的合作与贸易。阿里巴巴作为平台提供者不介入会员企业间的交易行为。

阿里巴巴根据中小企业不同需求，设立不同的分类服务标准，提供各种免费服务和不同级别的有偿服务。阿里巴巴中文网站将会员分为两类，普通会员和诚信通会员。其中，普通会员是免费注册的，可以免费发布产品供求信息、免费加入公司库、免费使用以商会友论坛、免费使用阿里旺旺（贸易通版）；诚信通会员和“中国供应商”会员为收费服务，诚信通会员可以进行A&V认证、拥有企业二级域名网站、查看求购信息、商业信息排名优先、参与关键字竞价、使用企业管理软件、参加展会推广、参与采购会、365×8 小时专业咨询服务以及参加培训服务。阿里巴巴国际站的会员分为 3 类：免费会员、“TRUSTPASS”会员和“中国供应商”会员。免费会员包含 3 种：一是免费的买家会员；二是国外的免费会员，可以发布供应和求购信息；三是中国内地2003年4月10日之前注册的免费会员。“中国供应商”会员主要面向中国内地和香港地区的出口企业，会员企业可以发布供应和求购信息之外，还可以制作公司视频，通过海外分支机构组织参加国际展会，参加中供服务部举办的线上和线下培训。

据阿里巴巴内部数据统计，“诚信通”会员数已超过 20 万，“中国供应商”会员数已达 2 万多。其中由“中国供应商”会员服务获得的收入约占公司收入的 2/3；诚信通会员收入约占公司收入的 1/3。在阿里巴巴中国网站企业交易额每年超过 250 亿元，国际（英文）网站企业交易额超过100亿美元。

七、主要产品与服务

1.“中国供应商”会员服务

阿里巴巴公司为中国优秀的出口型生产企业提供在全球市场的“中国供应商”专业推广服务。中国供应商是依托世界级的网上贸易社区，顺应国际采购商网上商务运作的趋势，推荐中国优秀的出口商品供应商，获取更多更有价值的国际订单。截至 2007 年 6 月底加盟企业已超过23000家。目前已经有70%的被推荐企业在网上成交，众多类别市场名额已满。从“中国供应商”会员收取增值服务费是阿里巴巴公司收入的主要来源。阿里巴巴向“中国供应商”会员主要提供以下服务。

（1）设立基于阿里巴巴英文站点的“中国供应商”专用域名，建立专业商务网站，展示企业产品信息和形象。

（2）对企业进行第三方权威资信认证，建立企业网上诚信服务。

（3）提供排名优先服务，包括英文站点行业浏览、搜索排名优先。

（4）提供供应商客户管理系统，便于会员企业管理国际贸易往来。

（5）为“中国供应商”会员提供网上贸易专家指导服务。

（6）提供外贸及电子商务等会员培训服务。

（7）在国内开展会员俱乐部活动、交流电子商务经验。

（8）通过海外分支机构组织参加国际展会，向与会买家派发光盘手册和产品目录。

目前，阿里巴巴“中国供应商”销售网点主要集中在中国内地；国际买家主要分布在亚洲、北美洲和欧洲。

2.“诚信通”会员服务

2002年3月开始为全球注册会员提供进入诚信商务社区的通行证——“诚信通”服务。

阿里巴巴积极倡导诚信电子商务，与邓白氏、ACP、华夏、新华信等国际国内著名的企业资信调查机构合作推出电子商务信用服务，帮助企业建立网上诚信档案，通过认证、评价、记录、检索、反馈等信用体系，提高网上交易的效率和成功的机会。它专为发展中企业量身订制，提供强大的服务，使成交机会提高 7 倍！

“诚信通”服务包含以下强大的服务内容。

（1）网上服务。

①独一无二的 A&V 认证，拥有“诚信通”档案，赢得买家信任。

②拥有诚信通企业商铺，热销会员的产品。

③提供强大的查看功能，独享大量买家信息，订单滚滚来。

④发布商业信息，优先排序，获得买家关注。

⑤管理信息，方便查看和管理。

⑥留言反馈，买家询盘，第一时间即时了解。

（2）线下服务。

①展会：足不出户带会员全国去参展，推广企业和产品。

②采购洽谈会：与国内外世界级大买家做生意。

③培训会：交流网上贸易技巧，分享成功经验。

④交流：“以商会友”社区提供最热的行业资讯和讨论，教会员如何在网上做生意。

⑤专业服务：服务人员提供 365×8 小时专业咨询服务。

3. 竞价排名服务

竞价排名是诚信通会员专享的搜索排名服务，买家在阿里巴巴搜索供应信息时，竞价企业的信息将排在搜索结果的前 3 位，被买家在第一时间找到。

调查表明，98.6%的买家习惯通过关键字搜索供应商，而排名前 3 位的信息所获得的买家反馈是平均反馈量的 8 倍，从而使通过竞价排名方式获得前 3 位排名的供应商获得更多的商业机会。

4. 黄金展位服务

黄金展位（图 10.7）是专为诚信通会员提供的企业品牌展示平台。购买黄金展位的企业，可在指定关键词的搜索结果页面的右侧显著位置获得展示，以最形象最醒目的形式获得买家关注，打造企业品牌。

图 10.7 黄金展位

黄金展位的优势如下。

（1）全方位——全网密集曝光！

企业品牌形象出现在阿里巴巴各大搜索结果页面右侧，从第一页到最后一页，全网最密集曝光，买家不得不关注！

（2）大图片——品牌备受瞩目！

超大图片真彩展示，以最醒目的形式彰显企业的品牌！

（3）超精准——投放更有针对性！

跟关键词关联的投放，让企业的品牌形象有针对性地出现在潜在买家面前！

（4）长周期——连续投放更有效！

黄金展位的投放期最长可达一年，长时间的品牌印象积累，买家对企业产生深刻的印象。

八、企业运作模式

在企业运作模式上阿里巴巴采用了跨过中间商的直销模式，直接拜访“中国供应商”会员客户，对诚信通会员则提供电话服务。

销售部门是阿里巴巴重要的组织机构。从 2001 年阿里巴巴组建自己销售团队，发展至今其销售人员已有 800 多人。截止 2004 年在中国内地的上海、杭州、台州、金华、宁波、温州、苏州、常州、深圳、广州、东莞、厦门、青岛建立了 13 个分支结构，并且在香港、美国、欧洲等地建立了海外机构。

在国际上，阿里巴巴通过大量的网上广告投入、电视广告宣传和各种组织签署推广协议，参加国际商展，接受媒体采访等为阿里巴巴巴的“中国供应商”用户获得贸易资讯和出口渠道。在国内通过配合展会，进行行业促销、对重点行业进行广告投入、开办各种见面会和俱乐部、开办“西湖论剑”和网商大会等，进行企业会员之间的交流。

九、阿里巴巴的经济效益

1. 利用风险投资，获得企业成长

1999 年 10 月，阿里巴巴引入第一笔由美国高盛牵头的 500 万美元风险投资基金。2000 年 1 月，日本软银（SOFTBANK COPK）向阿里巴巴注资 2000 万美元。2004 年 2 月，软银牵头再次注资阿里巴巴约 8200 万美元，并且成为阿里巴巴第一大风险投资股东。阿里巴巴依靠风险投资顺利地过了 2001 年互联网发展低谷，实现了阿里巴巴定位于中小企业，以信息服务为内容的 B2B 电子商务模式的赢利；以技术推动、利用风险资本、强调访问量、以服务取胜，获得了企业的持续发展。

2005 年 8 月 11 日，阿里巴巴（中国）网络技术有限公司在北京宣布，全面收购雅虎中国全部资产，其中包括雅虎中国门户网站（www.yahoo.com.cn）、搜索门户“一搜”（www.yisou.com）、在线拍卖业务（www.1pai.com.cn）、3721 网络实名服务、媒介与广告销售、无线业务与移动应用、雅虎电子邮箱，即时通信工具“雅虎通”，以及雅虎互联网品牌在中国的独家使用权。雅虎公司（www.yahoo.com）同时宣布，与阿里巴巴（中国）网络

技术有限公司达成战略联盟关系，雅虎出资 10 亿美金成为阿里巴巴公司的股东之一。阿里巴巴也将因此享有雅虎公司的搜索技术平台，内容资讯以及其遍布全球的渠道资源在中国的独家使用权。

2. 增值服务成为主要盈利来源

阿里巴巴的会员注册实行免费制度，在获得信息的汇聚以后主要是通过对会员的增值服务产生盈利。阿里巴巴的赢利栏目主要是："中国供应商"会员、诚信通会员、关键字竞价、库存拍卖，前两者是阿里巴巴的主要赢利点。

（1）"中国供应商"会员服务：基于阿里巴巴英文网站向海外展示及推广企业和产品的收费会员服务。"中国供应商"服务价格 5 万元/年。

（2）诚信通会员服务：是阿里巴巴在 2002 年 3 月 10 日推出的一项重要的收费会员服务。这项服务的内容是对会员加以企业身份认证。通过企业身份认证的会员在交纳每年 2800 元的年费之后将享受企业认证，网上商铺，产品展示和发布供求关系等服务。

（3）竞价排名服务：针对诚信通会员推出的一项增值服务。服务内容是，如果诚信通会员希望自己发布的供应信息排名在搜索结果页面的前 3 位，必须支付 300～16000 元/月不等的费用，具体的费用金额由会员通过竞价产生。

（4）黄金展位服务：黄金展位是专为诚信通会员提供的企业品牌展示平台。不同关键词对应"黄金展位"价格不同。

3. 2007 年全年业绩

阿里巴巴公布截至 2007 年 12 月 31 日止财政年度的总营业收入为 21.628 亿元人民币，较 2006 年上升 58.6%。总营业收入的增长主要是由国际交易市场及中国交易市场的付费会员数目和付费会员平均消费金额两者的增加所带动的。

阿里巴巴截至 2007 年底拥有 30 5545 名付费会员，较 2006 年年底上升 39.5%。

国际交易市场的营业收入由 2006 年的 9.919 亿元人民币上升至 2007 年的 15.477 亿元人民币，占全年总营业收入 71.6%，这些增长主要来自于"中国供应商"会员数目以及增值服务销售额的增加。由于进一步地地域拓展，"中国供应商"的付费会员由 2006 年年底的 18 682 名增加至 2007 年年底的 27 384 名；而国际诚信通付费会员由 2006 年年底的 10 843 名增加至 2007 年年底的 12 152 名。本年度阿里巴巴调整了关键词收费服务的价格结构，也开始向客户推销阿里软件的解决方案，该协同销售为阿里巴巴营业收入的增长带来了贡献。

中国交易市场的营业收入由 2006 年的 3.720 亿元人民币上升至 2007 年的 6.151 亿元人民币，占全年总收入 28.4%，此项增长反映了客户基础及每位会员平均消费的增加。于 2007 年底，阿里巴巴的中国交易市场拥有 266 009 名"中国诚信通"会员，较 2006 年年底净增 76 436 名。另外，阿里巴巴于 2007 年新开发了例如黄金展位及品牌推广展位的增值服务，也广受客户欢迎。

阿里巴巴 2007 年的毛利为 18.826 亿元人民币，比 2006 年增长 67.2%。毛利率于 2007 年得到改善，由 2006 年的 82.6%上升至 87.0%。

阿里巴巴 2007 年的总经营开支为 10.982 亿元人民币，较 2006 年上升 25.4%。为了确保长远的业务增长，阿里巴巴投资于地域的拓展、新产品和服务的开发、市场推广以及员工培训，这些都导致本年度经营开支的上升。但阿里巴巴的经营开支占营业收入的百分比由2006年的64.2%下降至2007年的50.8%，充分体现了阿里巴巴的规模效益。

2007年的营业利润（扣除股权报酬开支后）为8.043亿元人民币，较2006年上升199.6%。营业利润率由2006年的19.7%上升至2007年的37.2%。2007年全年未扣除股权报酬开支的营业利润（非GAAP）为9.564亿元人民币，较2006年增长150.1%。未扣除股权报酬开支的营业利润率（非GAAP）由2006年的28.0%上升至2007年的44.2%。利润率增长主要受惠于规模经济的优势。

阿里巴巴于2007年所得的利息收入为4.063亿元人民币，扣除6120万元人民币的外汇兑换损失后，得到3.451亿元人民币的净财务收入。

2007年的权益拥有人应占溢利为9.678亿元人民币，较2006年的2.199亿元人民币上升340.0%。若扣除2007年首次公开发售超额认购所得的利息收入3.5亿元人民币以及主要与募集资金相关的6120万元人民币的外汇兑换损失后，阿里巴巴的2007年的实际净利润则为6.785亿元人民币，较2006年上升208.5%。

十、阿里巴巴特点

1. 突出诚信目标，努力打造阿里巴巴的信用体系平台

阿里巴巴通过“诚信通”服务来建立阿里巴巴网上信用。阿里巴巴的“诚信通”服务是一个交互式网上信用管理体系，将建立信用与展示产品相结合，从传统的第三方资信认证、合作商的反馈和评价、企业在阿里巴巴的活动记录等多方面，记录并且展现企业在电子商务中的实践和活动。

针对阿里巴巴的不同会员，采取不同的措施以推进诚信建立。

（1）免费会员。

对于阿里巴巴的免费会员，主要是采用事前和事后两种监督方法。由阿里巴巴信息编审部门、诚信社区和服务人员，对可疑信息进行盘查处理。

（2）诚信通会员。

诚信通会员的信用情况主要通过企业身份认证（阿里巴巴委托新华信、华夏第三方专业认证公司进行）、证书及荣誉、会员评价、经验值等几个方面体现。同时，通过诚信通指数把上述值量化，供浏览者参考。阿里巴巴不直接介入会员之间的贸易纠纷或者法律事务，通过提供评价体系以及社区的一套投诉和监督系统来约束所有诚信通会员的行为。

（3）“中国供应商”会员。

阿里巴巴委托华夏国际企业信用咨询有限公司对“中国供应商”会员提供A&V信用认证。2005年以前公司委托邓白氏国际信息咨询有限公司为“中国供应商”会员提供对国外企业的信用调查服务；2005年改由奥美资讯提供。

2. 以客户为第一，以服务取胜

阿里巴巴以方便客户，为客户赢利为目标和作为取舍、衡量公司业务标准；提供了各项增值服务方便用户，降低企业在交易中的难度。为缩减买卖双方的沟通周期，阿里巴巴推出了贸易沟通软件工具“贸易通”和“trade manager”，内嵌和集成了多项阿里巴巴的网

上功能；据阿里巴巴统计，目前贸易通的同时在线人数已超过 20 万。阿里巴巴的网上会员近 50%是通过相互介绍得知阿里巴巴并且使用该平台；各行业会员通过阿里巴巴商务平台双方达成交易者占总会员比率近 50%。

3. 在变化中求发展，促进公司可持续发展

阿里巴巴作为一家互联网公司，其成长的道路可以用以下方式描述：风险基金投入、公司自身赢利、投资者为扩大公司规模而进一步投资、以公司为投资门户向外整合。在这一系列的变化中，阿里巴巴经历了成长、稳定、扩张的 8 年，在国内和国外的电子商务行业中取得了一定的社会地位，树立一个持续发展的网络公司形象。

4. 技术水平

阿里巴巴设立了由研发，测试和运营组成的工程技术部，共有技术人员 200 多名，主要提供 B2B 的信息交互技术、C2C 的淘宝网技术和支持网上付费技术。

阿里巴巴技术产品主要集中在线上服务产品，提高网上信息传播的即时性、有效性和灵活性；均拥有独立知识产权。阿里巴巴的技术服务于商务活动；为支持阿里巴巴不断更新的客户群和新业务的不断拓展，在实现时较多地考虑了以下两个因素。

（1）构建一个可扩展的架构，能满足不断增加的商务需求，节约成本，节省投资。

（2）为商务所驱动不断增加新的服务功能，在保持运行的平稳中迅速作出调整，为增加客户交易的能力服务。

在未来的发展中，阿里巴巴的技术主要将集中于：搜索、B2B 和 C2C 平台、支付的安全性等问题上。

十一、展望未来

自 2003 年以来，海内外资本频频介入电子商务领域，新一轮电子商务竞争正在展开。阿里巴巴公司 CEO 马云表示：搜索技术的运用将在未来电子商务的发展中起到关键性的作用，阿里巴巴公司将运用雅虎全球领先的搜索技术，进一步丰富和扩大电子商务的内涵，在 B2B，C2C 领域中继续巩固和扩大自己的领先优势，为中国一亿多上网人群提供更优质有效的服务，为中国企业获得更多的国际发展渠道。

世界精英的梦幻组合团队是阿里巴巴大厦的基石，完美坚固的团队组合，坚定不移的目标信念，使这家要走 102 年的企业每天在实践着自己的使命："让天下没有难做的生意！"

十二、创新分析

网络可能是虚拟的，但贸易本身必须是真实的。信用分析是企业的日常工作，这很好解释，网友们在拍卖网站上的交易并不是每一次都那么如意。易趣的统计表明在同通过身份认证但只有少数交易经历的所谓一星级顾客交易中，有 6%最终受到了投诉。同样，企业间交易存在相似的压力，所不同的是企业对此有更高的敏感性。在线贸易一方面体现了采购行为更充分的竞争性，另一方面企业对网络信息本身充满了质疑。"诚信通"作为一项服务不难理解，可以在"诚信通"上出示第三方对其的评估，企业在阿里巴巴的交易记录也有据可循。问题是这项服务本身是否会非常成功。阿里巴巴显然是希望所有的注册会员

都使用这项付费的服务，最起码新注册的用户是如此。这个问题的确非常有趣。如果这一预想符合了现实，大多数的企业都购买了“诚信通”，那么意味着剩下的少数也会购买，即便不购买也不再重要。每个“诚信通”的价格都很便宜，但对网站而言几乎不存在成本。这就是说阿里巴巴的运营业绩将会非常的成功。另一种可能是只有少数企业购买了，这就存在用户流失的问题。类似于阿里巴巴模式的网站今天多如牛毛。阿里巴巴的认识是，首先他们在前期的努力已经吸纳了国际贸易中最活跃的顾客群，另一方面在线交易本身必须实现其严肃性。“如果某一商人在支付最基本的费用上都存在问题，那么他根本就没有资格从事生意本身。”这一逻辑应该被认为是正确的。

“贸易通”是阿里巴巴网站新推出的一项服务，它的功能主要有以下几项：和百万商人安全、可靠地进行即时在线沟通、互动；结识、管理自己的商业伙伴，开展一对一的在线营销；强大的商务搜索引擎，搜尽天下商机；“服务热线”为诚信通会员即时解答网络贸易疑问，方便享受高质量的在线客户服务。其界面有点类似于常用的聊天工具 QQ，非常友好且使用简单。不过，有关“贸易通”的收费一直没有行动起来，但这却是最初也是最重要的愿望。阿里巴巴的定义是从企业的每一次日常交易中抽取佣金，这在前期被舆论认为是不可能的，原因在于 B2B 贸易存在重复交易，企业通常不会一次就更换一家供应商。这样企业很容易绕开任何中介。这又是一个没有思维，就迅速下判断的例子，当然并不是这样的。“贸易通”可以理解为是一种订单管理软件。很多 IT 评论人都忽略了阿里巴巴这一项服务，实际上它对阿里巴巴未来的潜在影响最大，绝对不能看成电子邮件的豪华版。这里有一个观念上的不同，产品重要的是需求，而不是技术表述。“贸易通”则解决了所有的问题，而且操作中存在很强的可行性，可以通过短消息捆绑按次计费。这一服务所面临的价格敏感性很小，而且存在一个很大的数量。“贸易通”则延伸了企业软件托管的思路。

十三、总结评点

综合以上分析，阿里巴巴目前能够有这样的成功，可以总结为这样一句话：良好的定位、稳固的结构、优秀的服务。

（1）准确的定位于最初做信息交流平台，绕开物流，充分发展。然后在资金流相对解决的时候推出相应的接口工具——支付宝占领先机并且为自己的平台提供强有力的支撑。

（2）稳固的结构。WTO 首任总干事萨瑟兰出任阿里巴巴顾问，美国商务部、日本经济产业省、欧洲中小企业联合会等政府和民间机构均向本地企业推荐阿里巴巴。传统渠道领域为阿里巴巴提供了强有力的支撑。（“倾听客户的声音，满足客户的需求”也许是阿里巴巴生存与发展的根基，根据相关的调查显示：阿里巴巴的网上会员近五成是通过口碑相传得知阿里巴巴并且使用阿里巴巴；各行业会员通过阿里巴巴商务平台双方达成合作者占总会员比率近五成。）

（3）在产品与服务方面，阿里巴巴公司为中国优秀的出口型生产企业提供在全球市场的“中国供应商”专业推广服务。中国供应商是依托世界级的网上贸易社区，顺应国际采购商网上商务运作的趋势，推荐中国优秀的出口商品供应商，获取更多更有价值的国际订单。截至 2003 年 5 月底加盟企业达到近 3000 家。目前已经有 70％的被推荐企业在网上成交，众多类别市场名额已满。2002 年 3 月开始为全球注册会员提供进入诚信商务社区的通行证——“诚信通”服务。阿里巴巴积极倡导诚信电子商务，与邓白氏、ACP、华夏、新华信等国际国内著名的企业资信调查机构合作推出电子商务信用服务，帮助企业建立网上诚信档案，通过认证、评价、记录、检索、反馈等信用体系，提高网上交易的效率和成功的机会。每月赢收以双位数增长。

另外，除了上述谈到的方面，阿里巴巴在人力资源管理理念，市场拓展战略方面都有过人的聪明远见之处。阿里巴巴所用人才按照 4 年的速度在更新，保持其团队的年轻与时代创新性。在市场拓展方面，阿里巴巴并购了雅虎中国目的就是在于做搜索引擎，阿里巴巴现在潜心培育淘宝网。商机搜索、高级智能化的商品、商家信息搜索在未来都有可能成为阿里巴巴强大的核心产品。商业化的运作、超前的想象力和坚强的技术后盾加上阿里巴巴已经积累的庞大的客户，真正的阿里巴巴模式也许会在 2009 年出现。

总的来说，阿里巴巴网站是一个成功的网上交易平台，它提供来自全球商业机会信息以及商人交流社区，其所有的供求信息由买卖双方自动登录，会员之间以自由开放的形式在这个平台上寻找贸易伙伴，磋谈生意。可以说在互联网上建立了一个无地理和时间障碍的自由贸易市场，用户从中可获得前所未有的商机。

它发展 8 年来取得了惊人的成功，这与它独到的商业模式是分不开的。但是在研究它的时候也要看到众多模仿该模式的企业的失败。由阿里巴巴网站的商业模式可以得出结论，真正开放的、内容具有本土化特色、信息全球性并且协同性强的电子商务是具有强大的生命力的。但是像这种 E-market 要生存和发展必须本着为企业提供公平竞争空间的原则，融合参与企业信息资源，达到规模经济效果。中国人做电子商务，不能迷信任何国家电子商务模式，必须有所借鉴也有所自立。从阿里巴巴网站的商业模式的成功经验之中，不仅要学习它可以借鉴的东西，更要能为发展自己的电子商务寻找到适合中国不同阶段具体国情的自己的道路。

十四、知识与能力创新拓展

1. 组合法的概念

组合法是按照一定的原理或功能，将两个以上的独立因素，通过巧妙的方法组合起来，获得具有统一整体新功能的新产品、新材料、新工艺等的创新方法。据统计，现代科学技术的新成果中，用组合法创造的达 70%，这种方法不受知识和技术水平的限制，每人和各领域都可以根据自己的实际情况，在不同的层次和不同的范围进行创新。阿里巴巴的成功就是将良好的定位、稳固的结构、优秀的服务有机地组合到一起，形成一个牢不可破、具有顽强生命力和活力的商业组织。阿里巴巴集团目前由 8 个部分组成：阿里巴巴（中国）网络技术有限公司、淘宝网、支付宝、中国雅虎、阿里软件、口碑网、阿里妈妈和阿里学院。阿里巴巴网站由 3 个相连网站组成：中国站（china.alibaba.com），主要为国内市场服务；国际站（www.alibaba.com），面向全球商人提供专业服务；日文站（japan.alibaba.com），主要为日本当地市场服务。阿里巴巴的两大法宝是诚信通和贸易通，诚信通是贸易通的基础和前提，贸易通又反作用于诚信通，两者相辅相成，缺一不可。

2. 组合法的分类

根据组合内容的不同，大致可以分为以下几种组合方式。

（1）学科与学科的结合。这是当代科技、经济和社会发展的必然趋势和客观要求。随着发展的深入和领域的扩大，很多问题单靠一门学科的知识已无法解决，需要综合多门学科的知识才能取得成效。于是出现了自然学科与自然学科交叉，自然学科与社会学科交叉，社会学科与社会学科交叉的现象。例如，阿里巴巴本身就是多门学科结合的综合体，商品信息分类涉及自然学科的内容，如原材料、工业品、消费品等；企业价值观涉及社会学科领域，如团结合作、诚信、敬业等。

（2）技术与技术结合。纵观 20 世纪以来重大技术创新，几乎都离不开技术组合。技术组合可以是传统技术与高新技术相结合，有利于传统技术改造，如电子计算机与生产、生活相结合，便实现了工厂自动化、办公自动化、勘探自动化、检测自动化等；可以是高新技术与高新技术相结合，以进一步开发出新的高新技术，如多媒体技术便是高新技术与高新技术相结合的产物。阿里巴巴作为 B2B 类型电子商务网站的领军人物，是依托计算机技术、现代信息技术和网络技术组建起来的网站。阿里巴巴设立了由研发、测试、运营组成的工程技术部，主要提供 B2B 的信息交互技术、C2C 的淘宝网技术、支持网上付费技术。电子商务网站的出现，不仅是多种技术相结合的产物，同时也给人类文明写下了灿烂的一笔，打破了人们原有的实体交易的消费观念，把电子商务这种虚拟的交易方式传遍世界的每个角落，走进人们的生活，推动了人类文明的发展。

（3）产品与产品的结合。产品与产品的结合是根据产品新功能的要求，将已有的产品在新的结合点上组合起来，创造出多功能的新产品的一种创新方法。例如，多功能计算机，可以听歌、看碟、打印、文件处理等，集办公、休闲、娱乐为一体，使人们的生活更加丰富多彩。阿里巴巴是一个信息集成网，这是它的起步策略和发展支撑点。它几乎涵盖了所有合法的商品信息，如多功能食品、多功能服装、多功能居室、多功能家电、多功能仪器、多功能交通工具、多功能飞机、多功能导弹、多功能机械等都可以搜索到。阿里巴巴既是产品的展览地，又是产品的交易地。

（4）元件与元件组合。元件之间的组合是把两种以上元器件根据创新要求以适当方式组合起来，使之成为新产品的创新方法。计算机和网络这两个概念现在几乎家喻户晓了，人们在打开计算机享受网络带来的便利时，也许没有想到计算机功能得以实现的关键是集成电路。集成电路的发明是将电阻、电容、晶体管等组装在一小块硅晶片上形成电路的结果。最初一块管芯上只集成十几个电子元件。随着信息技术的发展，分别经历了小规模、中规模、大规模和超大规模阶段，使最早的需要占一层楼那么大的电子管计算机缩小到能放在桌子上、放在衣袋里的微型计算机，且其存储能力和运算速度提高了成千上万倍，而耗电量却下降了千万倍。现在上网用的计算机一般都属于微型计算机，它携带方便，功能强大，是人们生活、学习、工作的得力助手。

（5）材料与材料的组合。材料与材料之间的组合是发展新材料的有效的方法。阿里巴巴的成功归结于良好的定位、稳固的结构和优秀的服务。在发展初期专做信息流，为企业提供沟通的平台。企业为了把自己的产品介绍出去，找到合适的合作者，一般都会刻意对产品进行一番详细的描述，而产品的原材料是决定产品是否先进的关键因素。目前新型材料中最有发展前途的是复合材料，第一代复合材料是玻璃纤维和树脂的复合；第二代复合材料是碳纤维和树脂的复合；第三代复合材料是金属基陶瓷与碳纤维的复合。此外，智能材料是被广泛引起重视的新型材料。智能材料对环境变化能有感知，又能根据变化对产生的破损自行修复。因此，智能材料中主要由信息敏感材料、胶结材料和电子材料等组成。阿里巴巴的成功依靠的是成千上万的会员企业，而企业的成功依靠的是自行研制的各类产品，而产品的畅销依靠的是先进的技术和材料。

（6）芳香的组合物。研究发现香味对人的心理、生理和药理有不同作用。如橘子和柠檬香味令人精神振奋，丁香的香味令人开窍醒脑；苹果香味能够消除压抑等。因此，将芳香物质与有关事物结合起来能够开发出一系列的新产品，在很多电子商务网站上就有出售香味眼镜、香味被褥、香味项链、香味领带、香味枕头等，正是由于芳香具有提神养身的功效，使得这些香味商品卖得异常火爆，特别受到年轻人的喜爱，把它作为礼物送给亲朋好友也很体面。

（7）彩色的组合。五彩缤纷的色彩把世界装饰的光彩夺目，五颜六色的色彩也会给人们提供创新机会。网络是个万花筒，无奇不有，当遨游在网络的海洋时一定会遇到很多新奇的事物。例如，变色墙、彩色绵羊、彩色棉花等，揭开它们美丽的面纱，就知道是怎么回事了。变色墙是在水泥里加入氧化钴，它会随空气中湿度的变化而变色，所以晴天时，墙是蓝色的，下雨天时，墙是红色的。利用这个特点，有些国家特地用这种水泥盖房，吸引世界各地的游客来游玩观光。彩色绵羊是在饲料中添加各种不同的微量元素，培养出金黄、蔚蓝、琥珀色等色彩斑斓的绵羊。彩色棉花是在肥料中施加各种稀土微量元素，五颜六色的棉花放眼望去就好像天地间铺了一条彩色的地毯。

（8）音乐组合物。优美的音乐可以使人消除烦恼、振奋精神、增强记忆、提高智能，人们利用音乐进行一系列创新活动。例如，可以上网下载免费的手机铃声，为朋友或爱人利用网络制作一张电子音乐贺卡等。有创意又很时尚，自然能赢得很多网友的青睐。

3. 组合方式

常用的组合方式有以下 3 类。

（1）矩阵式组合。矩阵式组合是将被研制的创新对象分解为若干相互独立的基本因素。再找出实现每个因素的可能性技术手段，然后把各因素及实现它们的技术条件列入二维矩阵表内，再进行排列组合，对得到的方案进行评估，从中选出最佳方案的一种创新组合办法。例如，对阿里巴巴网站功能模块进行创新，将网站功能分解为 3 个模块和 9 个实现因素，列成二维矩阵如下：

信息流	阿里巴巴	贸易通	诚信通
资金流	银行转账	支付宝	汇款
物流	平邮	EMS	快递

（2）辐射式组合。它是以一项新技术或新产品为核心，利用发散思维向四周辐射，与其他技术或产品结合起来形成多种新技术或新产品的创新组合方法。阿里巴巴网以信息交流为平台，以贸易通为辅助交流工具，以信息网为发展起点，进行资本积累和人气积累，

逐步向资金网、物流网过渡。它的影响力和良好的口碑辐射到了世界各地，在全球网站浏览量排名中，稳居国际商务及贸易类网站前列。

（3）内插式组合法。内插式组合法是以某一特定对象为主体，通过置换或插入其他技术导致发明或革新的技法。这种组合在产品的不断完善改进过程中经常被采用。阿里巴巴采用本土化的网站建设方式，针对不同国家采用当地语言，简易可读，这种便利性和亲和力将各国市场有机地融为一体。同时通过增值服务为会员提供优越的市场服务，一方面加强了网上交易市场的服务项目功能，另一方面又使网站有多种方式实现直接赢利。

组合选择类将现实生活中原本毫不相关的两个或多个事物以一定的方式重组结合成功能更强、效果更好、技术含量更为成熟的创新产品。这是一种简单易行的创新方式，也是最有可能创新成功的方式。当然，创新不是一日成就的，需要渊博的知识、丰富的经验和老练的技巧，学海无涯、学以致用，这样才能在创新大道上披荆斩棘、勇往直前、凯旋荣归。阿里巴巴之所以能取得辉煌的成就，是因为它是个强大的组合体：先进的管理模式、准确的市场定位、牢不可破的组织结构、诚挚热情的优质服务、循序渐进的发展步调、激情四射的创新行动。

作业与设计

（1）熟悉阿里巴巴网站（china.alibaba.com）的操作流程。

（2）使用 HTML 语言编写一个简单的网页程序，设置好标题，背景，文本颜色。

（3）在网页中添加一段内容，内容要求：谈谈你对阿里巴巴网站的认识。

附录Ⅰ 实践与设计

近年来，电子商务取得了迅速的发展。现电子商务已经发展出 3 种模式：B2B、C2C、B2C。

电子商务在迅速发展的同时，也存在着不少问题。撇开那些已经被行业竞争所淘汰的电子商务公司，现存的著名电子商务公司，很多都处在亏损的状态下，或面临着创收不创利的尴尬处境。

由于电子商务公司具有经营方式简单，资金流通迅速的特点，很多 B2C 和 C2C 电子商务网站在初期取得巨大成功后，都选择了快速扩张的策略。然而过度扩张带来的成本急速膨胀导致了利润的大大缩减，而大量电子商务网站的出现则将这些利润进一步地缩减，从而使电子商务公司陷入高成本低利润的死胡同。另外，单纯以信息交流为主体的 B2B 电子商务公司，则拥有稳定数量的客户群和利润来源，但也因此，很难进一步提高客户数量，以取得更大的利润空间。

单一模式的电子商务公司已经很难摆脱上述两种尴尬的局面，因此很多电子商务公司转而寻找其他出路。在探索的过程中，一些电子商务行业的巨头公司，把目光放在了模式的结合上，如 B2B 公司将触手伸向了 B2C 或者 C2C 领域，凭借自身强大的信息交流平台，让供应商将产品信息放到网站上的同时，将产品上架，采购商直接以网站为平台，完成整个贸易过程。可以预见，这种整合型的电子商务模式才是电子商务发展的必然趋势。

通过前面 10 章对国内外一些著名电子商务网站的学习，设计一个整合型模式的电子商务网站，并且按照如下课程设计要求完成设计。

一、设计目的

（1）掌握数据库设计过程。

（2）熟练掌握网站规划设计基本内容（风格设计、栏目设计、导航设计等）。

（3）提高综合运用各种页面设计技术的能力。

（4）熟练掌握 Web 数据库访问技术。

二、设计条件

（1）个人计算机，基本配置：赛扬 533，128MB 内存，10GB 硬盘以上。

（2）预装 Windows 2000 或 Windows XP 操作系统。

（3）预装 IIS 或者 PWS。

（4）预装 Dreamweaver、FrontPage、Flash、FireWorks、Access、SQLServer 等。

（5）IE 6.0 以上浏览器。

三、设计任务

网站至少结合两种模式，如 B2B+B2C 或者 B2B+C2C 等。

（1）在建设网站的过程中，结合前 10 章中所学的创新技法，将创新思路融入网站的建设过程。要求如下。

①在网站的构思过程中运用头脑风暴法进行讨论，并且作记录，该记录作为网站的文档进行存档。

②设计网站页面的过程中，选取 1～2 种创新技法，要求以文档的形式将如何运用创新技法进行说明。

③运用 5W1H 创新技法，对网站的运营进行讨论，并且以文档的形式对运营模式进行说明。

（2）网站后台至少实现以下功能。

①网站基本设置。

②用户管理。

③网站栏目管理。

④产品类目管理。

⑤上架产品管理（B2C）。

⑥店铺管理（C2C）。

⑦产品信息管理（B2B）。

根据模式结合的不同，网站后台至少实现后 3 个功能中的 2 个。

（3）网站的设计要求思路清晰，网站代码中要有少量的注释对代码功能进行说明。

（4）文档要求如下。

①运用头脑风暴法进行构思的记录文档。

②各个网页文件的功能说明。

③各个调用函数的功能说明。

④设计过程中创新技法运用的说明文档。

⑤网站操作指南文档。

⑥网站运营模式的说明文档。

注意：学生也可以选择其他题目，但在设计前向指导教师提供设计题目，设计的主要功能待指导教师批准后可作为本课程设计的题目。

四、实验组织

（1）将学生 3～5 人一组进行分组。成员组学生进行角色定义，每个学生重点负责设计过程中的某一方面内容。

（2）网站数据库设计、总体设计、功能设计等在实验室外进行（时间 2 天），其余内容学生在实验室中借助 FrontPage、Dreamweaver、ASP 或 ASP.NET、Access 等软件进行设计（推荐时间：6 天）。

（3）总结规范网站开发设计文档，完成课程设计报告（时间：2 天）。

五、课程设计报告要求

应包括以下内容。

（1）需求说明（描绘出需要完成的功能及要求）。

（2）设计规划：人员分工、进度安排等。

（3）数据库设计。

①实体模型设计：E-R 设计，也称为概念模型设计，要求画出 E-R 图。

②逻辑模型设计：关系模型设计，明确各表的名称、属性、属性类型、大小、主键以及表之间的参照完整性关系，主要是主外键关系。

③物理模型设计：采用 Access 或 SQL 数据库进行设计，要求明确定义表的字段，字段大小，字段类型，并且画出表之间的关系图。

（4）功能设计。

画出功能结构图。

（5）网站总体规划。

①网站风格设计。

②导航设计（导航结构图，可分页面描述）。

③栏目设计（栏目是如何划分的）。

（6）页面设计（各级页面）。

①页面截图。

②所使用页面设计技术。

③数据库访问技术。

（7）软件测试记录。

记录软件调试或测试过程中所出现的问题以及解决方式，不少于 10 条。

记录格式：

序号	问题描述	解决方式	解决人	解决时间
1				
2				
3				

（8）操作手册。

从用户登录，到功能选择以及各操作界面的使用说明。

（9）维护手册。

①软件安装、配置过程。

②用户日常使用应注意的问题。

③用户使用中可能出现的问题以及解决方式。

④维护电话或其他联系方式。

（10）待改进（完善）内容。

（11）未解决问题或难点问题。

（12）对本课程设计的建议或意见。

六、电子商务网站设计参考要点

（1）电子商务网站的基本架构设计。

电子商务网站是以商务活动为中心进行的，而网站的盈利模式各不相同，网站的盈利点是网站根据网站的商务活动内容确定的，所以网站的基本架构设计既要以商务活动的业务内容、流程、相关规则为基础，又要兼顾电子商务网站的收费体系。

网站基本架构的设计主要根据以下步骤进行。

①确定电子商务网站功能定位。确定网站所涉及的商务活动的内容、商务活动的流程。

②确定网站的服务对象和赢利模式。在网站所涉及的商务内容确定了的情况下，确定服务的对象和如何进行赢利，以此为依据确定网站的栏目。网站栏目的划分实际上就是系统的功能模块划分。

③确定网站的栏目的功能。在确定了网站的收费项目后，要确定网站的主要栏目和功能，包括网站的管理功能模块、网站的信息发布方式、网站商务活动的发布以及网站导航栏等。

网站的功能栏目的设置和系统的主要功能模块的划分是相一致的。

网站业务介绍性栏目，应包括用户申请流程、收费标准、网站运行规程等，使用户对网站的服务有一个明确的了解，是扩大网站的用户数量和提高网站的使用率必不可少的栏目。

网站的导航栏是网站的整体功能的全面介绍，使用户对网站的功能有一个清晰的了解，也是网站不可缺少的栏目。

④确定网站的信息流和控制流。在确定了网站的主要功能和商务活动的主要规则后，应该确定网站的信息流图和控制流图，作为数据库设计的基础。

在确定了一个网站的数据流图和控制流后，系统的运行控制流程也就确定下来了。

（2）网站的后台管理。

在网站的基本功能和数据流确定后，为了保证网站信息的准确性和有效性，应有完善的后台管理和维护系统，进行相关数据的审核，定期进行数据库的维护和备份，进行用户资格的管理，有效地保证网站的商务运作。

（3）网站的数据库设计。

在确定了网站的主要商务的业务对象和业务流程后，可以确定网站的数据流，也就可以进行数据库设计了。在进行数据库设计时，和一般的应用系统开发一样，应该注意信息的完整性和数据的独立性。

（4）电子商务网站的开发遵循以下基本原则：

①电子商务网站的内容是吸引顾客的重要因素。电子商务网站归根结底要通过内容来吸引客户。电子商务网站的内容和更新速度都是要考虑的因素。

②电子商务网站的效率也必须受到重视。在众多电子商务网站中，客户往往会选择访问等待时间短的网站，这对电子商务网站的效率提出了要求。高效率的电子商务网站会使客户青睐有加。

③考虑电子商务网站的可扩展性。在开发电子商务网站时，必须考虑设想中网站的规模的大小和将来发展过程中需要升级或改动时可能存在的问题，预测对于网站未来发展可能做出的改动所需付出的代价，尽可能以最小的代价升级网站。

④考虑网站的可用性和可维护性。一个好的网站必须注意控制因故障或者技术维护而造成的下网时间，保护重要的数据，使得网站可用性较好。特别是对于承担至关重要的任务的电子商务网站，任何停机下网都可能会造成重大的经济损失。一个网站，做到绝对不停机下网又是不可能的。这时就要求网站有较好的可维护性，可以对故障进行尽快地检测，排除和恢复。

（5）电子商务网站开发的基本流程。

①域名申请。在选择，设计好网站域名以后，商家可以为自己的电子商务网站向域名注册机构申请全世界唯一的域名，从而在广阔的互联网世界上占有一席之地。

②确定主机位置。确定域名以后，必须进一步根据自身情况建立主机的放置方式。通常主机的放置方式可以有虚拟主机，服务器托管，专线上网等几种方式，商家可以根据自身的情况进行选择。

③硬件选择。如果需要商家自己购置硬件时，商家应该根据自身情况购买适合自己的网络设备和服务器主机。

④软件选择。与购买的硬件配套，商家也应该根据自身情况购买包含操作系统，服务器程序，安全软件以及开发软件等在内的软件产品。

⑤网站建设和推广。在硬件选择和软件选择之后，要进行网站本身的建设，采用静态页面和动态页面相结合的方式，突出网站的内容特色。网站建立之后，必须采用多种有效的方式对网站进行宣传和推广。例如在著名的搜索引擎上发布或者在重要的门户网站建立友情链接等。

附录II 人 物 介 绍

马云

【简介】

姓名：马云

性别：男

国籍：中国

出生年月：1964 年 10 月

籍贯：浙江杭州

学历：本科

毕业院校：杭州师范学院外语系

供职机构：阿里巴巴集团

职务：阿里巴巴集团主要创办人、阿里巴巴集团主席兼首席执行官，阿里巴巴（B2B）公司主席及非执行董事、软银集团董事、中国雅虎 CEO 兼总经理、亚太经济合作组织（APEC）下工商咨询委员会（ABAC）会员

【履历】

马云 1988 年毕业于杭州师范学院英语专业，之后任教于杭州电子工学院。1995 年，他在出访美国时首次接触到因特网，回国后创办网站“中国黄页”。1997 年，他加入中国外经贸部，负责开发其官方站点及中国产品网上交易市场。

1999 年，他正式辞去公职，创办阿里巴巴网站，开拓电子商务应用，尤其是 B2B 业务。目前，阿里巴巴是全球最大的 B2B 网站之一。阿里巴巴网站的成功，使马云多次获邀到全球著名高等学府讲学，当中包括宾夕法尼亚大学的沃顿商学院、麻省理工学院、哈佛大学等。

1988—1995 年　杭州电子工学院英文及国际贸易讲师。

1995—1997 年　创办中国第一家互联网商业信息发布网站“中国黄页”。

1997—1999 年　加盟外经贸部中国国际电子商务中心，开发外经贸部官方站点及网上中国商品交易市场。

1999 年至今　创办阿里巴巴网站，并且迅速成为全球最大 B2B 电子商务平台，目前已成亚洲最大个人拍卖网站。

2003 年　创办独立的第 3 方电子支付平台，目前在中国市场位居第一。

2005 年　与全球最大门户网站雅虎战略合作，兼并且其在华所有资产，阿里巴巴因此成为中国最大互联网公司。

2007 年 8 月推出了以网络广告为赢收项目的营销平台“阿里妈妈”。

马云是最早在中国开拓电子商务应用并且坚守互联网领域的企业家，他和他的团队创造了中国互联网商务众多第一：开办中国第一个互联网商业网站——“中国黄页”，提出并且实践面向中小企业的 B2B 电子商务模式，为互联网商务应用播下最初的火种；他在中国网站全面推行“诚信通”计划，开创全球首个企业间网上信用商务平台；他发起并且策划了著名的“西湖论剑”大会，并且使之成为中国互联网最大的盛会。

马云率领他的阿里巴巴运营团队汇聚了来自全球 220 个国家和地区的 1000 多万注册网商，每天提供超过 810 万条商业信息，成为全球国际贸易领域最大、最活跃的网上市场和商人社区。

马云创立的阿里巴巴被国内外媒体、硅谷和国外风险投资家誉为与 Yahoo、Amazon、eBay、AOL 比肩的 5 大互联网商务流派代表之一。它的成立推动了中国商业信用的建立，在激烈的国际竞争中为广大中小企业创造了无限机会，“让天下没有难做的生意”。

马云创办的个人拍卖网站淘宝网，成功走出了一条中国本土化的独特道路，从 2005 年第一季度开始成为亚洲最大的个人拍卖网站。

马云是中国内地第一位登上美国权威财经杂志《福布斯》封面的企业家；2002 年 5 月，成为日本最大财经杂志《日经》的封面人物；2000 年 10 月，被“世界经济论坛”评为 2001 年全球 100 位“未来领袖”之一；美国亚洲商业协会评选他为 2001 年度“商业领袖”；2004 年 12 月，荣获 CCTV 十大年度经济人物奖。

马云是最早在中国开拓电子商务应用并坚守在互联网领域的企业家，他和他的团队创造了中国互联网商务众多第一。他开办中国第一个互联网商业网站，他提出并实践面向亚洲中小企业的 B2B 电子商务模式，他于 2002 年 3 月 10 日起在中国网站全面推行“诚信通”计划，从而在全球首创企业间网上信用商务平台，他发起并策划了著名的“西湖论剑”大会，使之成为青年企业家交流与成长的平台。2002 年成为杭州市政协委员。

哈佛大学两次将他和阿里巴巴经营管理的实践收录为 MBA 案例。于 2002 年 1 月发布的阿里巴巴第二份 MBA 管理案例，哈佛引用了马云对阿里巴巴的核心价值的阐述，“马云认为阿里巴巴的价值不在于每天的浏览量是多少，而在于能否给客户带来价值。”以此来表明对阿里巴巴迅速发展的认可。

马云是中国内地第一位登上国际权威财经杂志《福布斯》封面的企业家，并且于 2002 年 5 月成为日本最大的《日经》杂志的封面人物，《日经》杂志高度评价阿里巴巴在中日贸易领域里的贡献。阿里巴巴已达到收支平衡，成为整个互联网世界的骄傲。自中国加入 WTO 以来，日本市场逐渐升温，大量的日本企业将目光投向阿里巴巴，并且对它寄予了浓厚的兴趣和希望。马云于 1995 年 4 月创办了“中国黄页”网站，这是全球第一家网上中文商业信息站点，在国内最早形成面向企业服务的互联网商业模式。1997 年年底，马云和他的团队在北京开发了外经贸部官方站点、网上中国商品交易市场、网上中国技术出口交易会、中国招商、网上广交会和中国外经贸等一系列国家级站点。

1999 年年 3 月，马云和他的团队回到杭州，以 50 万元人民币创业，开发阿里巴巴网站（www.alibaba.com）。他根据长期以来在互联网商业服务领域的经验和体会，明确提出互联网产业界应重视和优先发展企业与企业间电子商务（B2B），他的观点和阿里巴巴的发展模式很快引起国际互联网界的关注，被称为“互联网的第四模式”。

1999 年 10 月和 2000 年 1 月，阿里巴巴两次共获得国际风险资金 2500 万美元投入，马云以“东方的智慧，西方的运作，全球的大市场”的经营管理理念，迅速招揽国际人才，全力开拓国际市场，同时培育国内电子商务市场，为中国企业尤其是中小企业迎接“入世”挑战构建一个完善的电子商务平台。

2000 年 10 月，阿里巴巴公司继续为中国优秀的出口型生产企业提供在全球市场的“中国供应商”专业推广服务，此服务依托世界级的网上贸易社区，顺应国际采购商网上商务运作的趋势，推荐中国优秀的出口商品供应商，获取更多更有价值的国际订单。目前加盟企业近 3000 家，超过 70%的被推荐企业在网上实现成交，众多企业成为国际大采购商如沃尔玛、家乐福、通用、克莱斯勒等的客户。

2002 年 3 月 10 日，阿里巴巴倡导诚信电子商务，与邓白氏、ACP、华夏、新华信等国际国内著名的企业资信调查机构合作推出电子商务信用服务，以“诚信通”服务来帮助企业建立网上诚信档案，通过认证、评价、记录、检索、反馈等信用体系，提高网上交易的效率和成功的机会。

截至 2003 年 5 月，阿里巴巴会聚了来自 220 个国家和地区的 200 多万注册商人会员，每天向全球各地企业及商家提供 150 多万条商业供求信息，是全球国际贸易领域内最大、最活跃的网上市场和商人社区，是全球 B2B 电子商务的著名品牌。

杰出的成绩使阿里巴巴受到各界人士的关注。WTO 首任总干事萨瑟兰出任阿里巴巴顾问，美国商务部、日本经济产业省、欧洲中小企业联合会等政府和民间机构均向本地企业推荐阿里巴巴。

阿里巴巴两次被美国权威财经杂志《福布斯》选为全球最佳 B2B 站点之一，多次被相关机构评为全球最受欢迎的 B2B 网站、中国商务类优秀网站、中国百家优秀网站、中国最佳贸易网。从阿里巴巴成立至今，短短 3 年时间，全球十几种语言 400 多家著名新闻传媒对阿里巴巴的追踪报道从未间断，被传媒界誉为“真正的世界级品牌”。

张朝阳

简历

1964 年出生于陕西省西安市（祖籍河南算是半个河南人）。

1986 年毕业于清华大学物理系，同年考取李政道奖学金赴美留学。

1993 年底在美国麻省理工学院（MIT）获得博士学位。

1994 年任 MIT 亚太地区（中国）联络负责人。

1995 年底回国任美国 ISI 公司驻中国首席代表。

1996 年在 MIT 媒体实验室主任尼葛洛庞帝教授和 MIT 斯隆商学院爱德华•罗伯特教授的风险投资支持下创建了爱特信公司，成为中国第一家以风险投资资金建立的互联网公司。

1998 年 2 月 25 日，爱特信正式推出“搜狐”产品，并且更名为搜狐公司。在张朝阳的领导下搜狐历经 4 次融资，于 2000 年 7 月 12 日，在美国纳斯达克成功挂牌上市（NASDAQ:SOHU)。

搜狐公司目前已经成为中国最领先的新媒体、电子商务、通信及移动增值服务公司，是中文世界最强劲的互联网品牌，对互联网在中国的传播及商业实践作出了杰出的贡献。张朝阳现任搜狐公司董事局主席兼首席执行官。

获得荣誉

1998 年 10 月被美国《时代周刊》评为“全球 50 位数字英雄”之一，1999—2001 年被《中国青年报》连续 3 年评为“年度 IT 十大风云人物”之一，1999 年 7 月被《亚洲周刊》选为封面人物，2001 年 5 月 7 日，被《财富》杂志评选为全球 25 位企业新星之一，同年，被世界经济论坛评为全球“明日领袖”之一。

附录III　参　考　资　料

以上资料来源于以下网站，其相应文字图片，网站的商品及服务商标和商号，为各自权利人所有，这些资料只限用于个人学习研究使用。

1．卓越网　资料来源：http://www.amazon.cn/

2．当当网　资料来源：http://home.dangdang.com/

3．淘宝网　资料来源：http://www.taobao.com/

4．无忧团购网　资料来源：http://www.51tuangou.com/

5．亚马逊网　资料来源：http://www.amazon.com/

6．起点中文网　资料来源：http://www.cmfu.com/

7．中国制造网　资料来源：http://cn.made-in-china.com/

8．eBay易趣网　资料来源：http://www.eachnet.com/

9．阿里巴巴网　资料来源：http://China.alibaba.com/

10．环球资源网　资料来源：http://www.globalsources.com/